세계를 지배하는

유대인 최강 두뇌 활용법

Use of the Jewish brain

★ ★ 세계를 지배하는 ★ ★

유대인 최강
두뇌 활용법

테시마 유로 지음 ‖ 홍영의 옮김

나래북

감동하는 마음이
두뇌 활성화의 원점

'저 사람은 머리가 좋아', '난 머리가 나빠'라고 흔히들 이렇게 말한다. 그러나 정말로 머리가 좋고 나쁜 사람이 따로 있을까.

물론 사람에 따라 직업에 적성이 맞거나 안 맞는 경우도 있을 것이다. 하지만 누구나 이루고 싶은 목표만 있다면 그에 어울리는 능력을 스스로 이끌어 낼 수 있다.

원래 머리가 좋고 나쁜 사람이 따로 있는 것은 아니다. 문제는 '어떻게 자신의 재능을 발전시킬 것인가'이다.

이 책에서는 어떻게 하면 타고난 재능을 발전시킬 수 있는지 유대인의 사고방식이나 습관을 통해 알아볼 것이다.

세계적으로 사상, 경제, 문화, 비즈니스, 매스컴 등 폭넓은 분야에서 활약하고 있는 저명인 중에는 유대계 사람이 많다.

일본에서 저명한 외국인 10명 중 1명은 유대인이다. 마르크스, 프로이드, 아인슈타인, 드러커, 스필버그……. 등등 그들의 명석한 두뇌와 탁월한 재능은 놀랍다.

나는 1963년 이스라엘의 히브리 대학에 유학한 이래 지금까지 많은 유대인을 만났다. 그 중에서 눈에 띄게 우수한 사람들은 그 인격의 스케일, 일에 대한 착안, 행동의 크기, 두뇌의 신선함이 다른 보통의 유대인과는 다른 취향이나 성질이 있었다.

그런 사람들과 오랫동안 만나면서 최근에서야 그들에게 공통된 한가지 사실을 겨우 깨달았다.

그것을 한마디로 말하자면 '감동하는 마음'이다. 그들은 어린 시절부터 노인이 되어서도 항상 '감동'하는 마음을 가지고 있다는 것이다.

감동이란 기쁨이다.

기쁨 없는 모든 것은 오래 지속되지 않는다.

유대인의 종교, 유대교는 항상 학문의 중요성을 가르쳐 왔다. 게다가 학문을 할 때 즐거움이나 기쁨을 수반하여 배려하도록 조건을 붙여 왔다. 진리의 탐구와 정신의 안온女穩함, 이 두 가지 조화가 유대인 독자의 문화 형성에 도움이 되어 온 것이다.

18세기 폴란드와 우크라이나에서 유대교의 부흥에 공을 세운 하시디즘(Hasidism) 운동의 시조 바알 셈 톱(Baal Shem Tob)은 교회에서 어려운 설교만 하니까 유대인 유대교도 활력을 잃는다고 생각했다. 그래서 그는 어려운 설교보다 쉽고 재치 있는 이야기나 조크부터 시작했다.

그가 한 이야기 중에 다음과 같은 우화가 있다.

"한 궁전에 왕이 있었다. 왕은 대단히 훌륭하고, 부자이며, 친절하기까지 했다. 왕은 멋진 궁전을 세웠다. 건축가들이 온갖 지혜를 짜내서 지은 꿈의 궁전이었다. 방마다 아름다운 그림이 걸려 있고, 산해진미로 만든 진수성찬이 넘쳤으며, 악단이 연주하는 선율은 궁 밖에서도 들을 수 있었다. 어느날 왕은 신하에게 명령했다.

"궁에 들어오고 싶은 사람이 있다면 모두 들어오게 하라. 그리고 만약 바라는 것이 있으면 무엇이든 들어주도록 하라!"

어느 날 초췌한 기색의 한 남자가 궁 옆을 지나가다 안으로 들어갔다. 그러나 신하가 서둘러 남자 쪽으로 달려와 물었다.

"필요한 것이 있습니까?"

그 남자에게 있어 필요한 것이란, 항상 먹고 있는 조촐한 흑빵과 감자뿐이었다. 그래서 남자는 말했다.

"저어~, 큰 흑빵 한 덩어리와 삶은 감자를 주실 수 있나요?"

신하는 이 말을 듣고 어떻게 하면 좋을지 난감했다. 그런 것은 궁에 준비되어 있지 않았기 때문이었다. 그래서 왕에게 어떻게 하면 되겠느냐고 묻자,

"짐은 누구든지 그들이 원하는 것을 주라 했다. 그러니 그가 원하

는 것을 주도록 하라!"고 명령했다.

　그 가난한 남자는 최고급 요리를 먹고 즐길 수 있었지만 흑빵과 감자만으로 만족하고 돌아갔다.

　처음에는 고급 요리가 아니라도 상관없다. 우선 편안히 즐길 수 있는 것이 중요한 것이다. 몇 번 궁에 드나들고 나면 그 남자도 결국 고급 요리를 동경하기 시작할 것이다.

　바알 셈 톱은 말했다.

　"공부를 시작하기 전에도 재치 있는 이야기나 조크를 하면 마음이 풀려서 기쁨이 솟는다. 기쁨이 있으면 학문에 집중하고자 하는 마음이 커진다."

　그리고 학문에 한하지 않고 생활의 터전 구석구석까지 기쁜 마음으로 임하도록 유대인은 주의해 왔다.

　그 감동과 기쁨을, 명시 『청춘』의 작가 사무엘 울만(Samuel Ullman)의 말로 표현하자면 '청춘이란 나이가 아니라 마음의 자세'라는 것이다.

　그리고 그 기쁨과 감동의 연장으로 아주 조그만 변화나 새로운 것에 대해서도 그것을 자신 속에 받아들여서 나름대로 조합하려는 습관을 갖는 것이다.

　그들은 풍부한 감수성으로 자신의 감각을 활용하여 항상 원점에서 모든 것을 생각하고 자신의 말과 논리로 표현하기 때문에 상상력이 풍부한 것이다. 또 과거의 기억을 소중히 하고 미래에 대한 상상도 자유분방하다.

　그렇다고 그들의 그런 습관이나 태도가 매뉴얼화 되어 책으로 정리되어 있는 것도 아니다. 그래서 나는 오랜기간에 걸쳐 그들에게서 배운 것을 새롭게 체계적으로 정리해 보았다. 그리고 깨닫게 된 것을 나름대로 써 보았다.

　'세계를 지배하는 유대인 최강 두뇌 활용법'은 어딘가 우리의 그것과는 다르다. 때문에 친구들은 이 책에 대해 '과연 유대인의 두뇌 활성법이로군!'하며 감탄했다.

　무엇보다 유대인 친구들은,

　"이것은 우리의 생각하는 기술인데, 참 잘 정리해 두었군." 하고 칭찬해 주었다.

　그래서 나는 많은 사람들이 '유대인 최강 두뇌 활용법'을 참고하기 바라는 마음에서 이 책을 일반에 공개하기로 했다.

　유대의 지혜 등의 서적은 많이 나와 있지만 나는 '유대인이기 때문에 특별히 우수하다'고 강조할 생각은 없다. 그것은 인종의 우열을 매기는 것이며 내 본위가 아니기 때문이다. 내가 아는 유대인도 그것은 좋아하지 않을 것이다. 하지만 그들로부터 배워야 할 점이 많다는 것도 사실이다.

　여기에 소개하고 있는 내용은 유대인만의 독점적인 경험이나 입문서는 아니다. 우리에게도 실천 가능한 것들뿐이다.

　또한 지적능력과 인텔리전스의 기초가 되는 오감이나 감성, 언어능력, 표현 응용력 등에 대해서 유대인이 어떻게 생각하고 있는가를 차례로 정리했다. 그것도 가능한 한 독자에게 친근하도록 사례를 적용하여 소개하였다. 끝으로 두뇌 활성화의 힌트와 유대인의 습관을 보기 쉽게 법칙으로 정리해 보았다.

이 책이 독자 여러분께 참고가 되었으면 하는 마음 간절하다.

테시마 유로

ANATANO ZUNOUMO KASSEIKASSURU

contents

단숨에 낭독할 수 없는 문장은 난해한 문장

인간은 항상 새로운 것을 생각하지 않으면 인형같이 되어 버린다.
—아인슈타인

나의 고민은 상상력의 전원이 꺼지지 않는 것이다.
—스티븐 스필버그

두뇌 활성화의 전제 조건은
'생각하는 힘을' 키우는 것

인간만이 '생각하는 힘'이 있다

사람은 자신의 마음속에 생각하는대로 존재한다.

(성경 '잠언 23장 7절')

'생각하는 힘'이 제일 중요한 것

사람으로서 무엇이 제일 소중할까?

인간으로서 무엇이 제일 소중할까?

어떤 사람은 돈이라 말할지도 모르고,

어떤 사람은 가족이라 말할지도 모르며,

어떤 사람은 사랑이라 말할지도 모른다.

분명히 어느 것이나 소중하다.

그런데 그 무엇보다 우리들에게 있어서 소중한 것은 '생각하는 힘'이 아닐까.

인간이 다른 동물과 가장 크게 다른 것은 생각하는 힘, 사고, 사유의 능력이 크게 발달한 점이다.

원숭이나 개, 까마귀는 영리하다고 한다. 그래도 본능의 테두리를 벗어나서 스스로 학습하는 것도 아니고 스스로 도구를 만들어 생활을 바꾸는 것도 아니다. 최근에는 까마귀가 나뭇가지 대신 주택의 빨래 건조대에서 행거를 가져와 둥지를 친다. 그렇다고 까마귀의 생활과 문화가 변화하여 진보한 것은 아니다.

인류는 생각하는 힘을 얻어 스스로 생활을 변화시켜 왔다. 기술을 개발하여 문화를 구축하고 인간다운 생활을 실현해 왔다.

생각하는 힘 덕택에 동물들과 다른 고도의 문명을 발전시켜 왔다. 생각하는 힘 덕택에 교역을 발전시켜 상업을 번창시켰고 부의 창출과 경제생활을 가능케 했다.

생각하는 힘을 무시하면 오늘 날 인류 사회의 번영은 있을 수 없는 것이다.

인류는 모두 '생각하는 힘'을 가지고 있다.

생각하는 힘을 어떻게 사용할 것인가에 따라 그 사람의 생활 내용이 달라진다. 생각하는 힘을 어떤 분야로 향할 것인가에 따라 일이나 직업도 달라진다.

생각하는 힘의 사용법은 실로 다양하다.

그 목적이나 용도에 따라서 비즈니스 성공법이니, 수험 성공법이니, 훌륭한 요리법이니, 아마추어를 위한 가정 채소밭 가꾸는 법 등 갖가지 능력 개발 방법이 전수되고 있다. 어떻게 '생각하는 힘'을 사용할 것인가. 그 비결은 항상 사람들의 관심의 표적이 되곤 한다.

그런데 뜻밖에도 간과된 것이 있다. 그것은 어떻게 하면 두뇌를 활성화하고 생각하는 힘 그 자체를 높일 수 있을까 하는 점이다.

어떻게 하면 머리가 좋아지고, 어떻게 하면 어학을 잘하게 될까? 그것이 아니다.

머리가 좋다든가 기억력이 있다든가 하는 것은 생각하는 힘이 토대가 되어 있어야 하는 문제다. 두뇌를 활성화하여 지금 보다 생각하는 힘을 높일 수 있다면 좋은 발상을 할 수 있게 된다. 그리고 지금 보다 더 훌륭한 일도 할 수 있게 된다.

두뇌 활성화에는 순서가 있다

그러면 어떻게 하면 두뇌 활성화를 꾀하고 생각하는 힘을 높일 수 있을까?

생각하는 힘을 높이기 위해 우선 말해두고 싶은 것이 있다. 그것은 생각하는 힘을 높이고 실현하는 데 인스턴트 노하우는 없다는 것이다.

그렇다고 두뇌 활성화가 어려운 일이라는 것은 아니다. 매우 쉬운 일이다. 한 단계씩 천천히 확실히 두뇌 활성화의 방법을 익히면 누구나 생각하는 힘을 높일 수 있는 것이다.

당신이 유아였을 때의 일상을 생각해 보자. 유아는 오직 본능만의 세계에 살고 있다. 배고프다, 배부르다, 좋다, 싫다 등의 감정은 생존 본능의 의지로서 어느 정도 태도로 표시하지만 성장하면서 자신이 처한 환경과 자신과의 관계를 조금씩 느껴 이해하게 된다. 그리고 차츰 생각하는 힘이 붙어서 자기 나름의 판단이나 주장을 하게 된다.

사람은 유아기乳兒期에서 유아기幼兒期로 단숨에 생각하는 힘이 붙게 되는 것은 아니다.

성장하는 각 단계에서 어떻게 생각하는 힘이 붙었는가를 돌이켜 보면 두뇌 활성화의 방법은 저절로 분명해진다.

아인슈타인은 이렇게 말했다.

"교육의 목적은 독립해서 생각하고 행동하도록 개인을 훈련시키는 것이다."

이 말을 염두에 두고 이 책의 두뇌 활성화 방법을 하나씩 탐독하여 독자 여러분도 좋은 참고가 되기를 바라마지 않는다.

점과 점을 잇는 힘,
인텔리전스가 중요해진다

지성 있는 사람이란 매사에 시사하는 갖가지 파장을 볼 수 있고
게다가 여러 가지 결론을 이끌어 낼 수 있는 사람을 말한다.

(탈무드 '하가기'편14)

인텔리전스(intelligence)란 도대체 무엇인가?

두뇌 활성화를 위해서 생각한다는 것이 어떤 것인지 우선 재고해
보도록 하자.

생각한다는 것은 대체로 점과 점을 잇는 행위다.

생각하는 힘은 대체로 말이나 개념, 지식 등의 양과는 관계없다.

생각한다는 것은 모든 것을 있는 그대로 보는 행위에서 시작한다.

세상에는 지식은 풍부한데 생각하는 힘이 없는 사람이 많다. 지식과 생각하는 힘 사이에는 직접적 관계는 없다.

이 생각하는 힘을 영어에서는 intelligence(지성)이라 말하고 있다. 최근에는 intelligence라는 말을 '정보'라고 번역하기도 한다. 그러나 인텔리전스는 정보(information, 인포메이션)는 아니다.

Intelligence라는 것은 원래 'inter— 겹쳐지다, 가, 가장자리'와 'legere(맺다)'라는 '두 개의 라틴어가 합성된 말이다. 가와 가를 맺는다, 모든 일과 모든 일을 결합한다는 의미다.

스파이는 점과 점의 정보를 이어 선의 정보를 추리하고 선과 선의 정보를 연결해 면의 정보를 만들어 낸다.

그런 단편적 정보를 이어서 종합적인 정보로 조립하여 매사를 종합적으로 판단하는 능력이 지성인 것이다. 그리고 이 점과 점을 맺는 행위야말로 '생각한다'는 행위인 것이다.

그러므로 영어로 '인텔리전스'라고 하면 스파이의 '첩보활동'을 가리키는 특수한 군사 용어다. 영어로 'intelligence office'라고 하면 적의 군사 정보를 수집하는 사관이라는 의미다. 이와 관련해서 미국의 해외 스파이 활동의 본부 CIA란 Central Intelligence Agency의 약칭이다. CIA를 중앙정보국이라 번역하고 있는데 올바르게는 '중앙첩보국'이라고 해야 할 것이다.

한편 'information office'라고 하면 군대의 활동 상황에 대해서 외부에 설명을 발신하는 담당 장교를 가리킨다. 백화점의 인포메이션 센터라고 하면 매장 안내다. 큰 역의 인포메이션 센터는 열차의 승강장이나 발착의 안내, 경우에 따라서는 역 주변에 대한 안내 정보를 제공해 준다.

일반적으로 머리가 좋다는 말을 듣는 사람들은 점과 점을 연결하는 능력이 기민하게 움직이고 있는 사람이다. 그런데 그런 사람이 유전적으로 처음부터 머리가 좋았는지 어떤지에 대해서는 대뇌생리학자들 사이에서도 아직까지 의견의 일치를 못 보고 있다.

머리가 좋다는 말을 듣는 사람들은 점과 점을 맺는 힘을 잘 이끌어냈거나 그렇지 않으면 잘 이끌어내는 환경의 혜택을 입었든지 어느 하나일 것이다.

다시 말해 어른이 된 후에도 이 힘을 정확히 재구축하면 누구나 생각하는 힘을 높일 수 있게 된다. 이것이 두뇌 활성화의 키 포인트다.

🪑 선입관이나 고정관념으로는 점을 이을 수 없다

그렇다고 '아하, 점과 점을 잇는 능력을 개발하면 머리가 좋아지는 거로구나'하고 지레짐작해서는 안 된다.

우리들은 모든 것을 보고 접할 때 곧 선입관으로 그것을 보고, 고정관념으로 그것을 판단하려고 한다. 하지만 모든 것에 고정관념이나 선입관으로 그것을 멋대로 결부시키면 정말로 도움이 되는 정보를 얻을 수 없다.

점과 점을 어떻게 하면서 연결하면 좋을지 앞으로 구체적으로 하나씩 설명하기로 하자.

아무튼, 인텔리전스는 '정보'라고 번역하기도 하지만 어쨌거나 인텔리전스는 정보(인포메이션)는 아니다.

인텔리전스란 모든 것과 모든 것을 결합하는 것, 또는 어떤 것과 어떤 일을 결합하는 능력이라는 의미다.

앞에서 얘기한 바와 같이 스파이는 점과 점의 정보를 연결하여 선의 정보를 추리하고 선과 선의 정보를 맺어서 면의 정보를 조립한다. 그런 단편적 정보를 잇고, 종합적인 정보를 조립하고, 모든 것을 종합적으로 판단하는 능력이 '지성'인 것이다.

그리고 이 점과 점을 결합하는 행위야말로 생각한다는 행위 그 자체인 것이다.

점과 점을 맺는 능력을 적절히 이끌어내서 그것을 활성화하면 누구나 생각하는 힘을 높일 수 있게 된다. 이때 주의해야 할 점은 앞서 나가서는 안 된다는 것이다.

랍비 레오보르도도 이렇게 지적하고 있다.

"인텔리전스한 사람이란, 우선 오픈 마인드로 적극적인 기억을 항상 체험해 보는 사람을 말한다."

점과 점을 정확히 결합하려면 여러 가지 '능력'이 필요하다. 예를 들면 시각이나 청각을 단련시키고 '듣는 능력'을 높이는 것이다. 내가 앞으로 이 책에서 이야기하고 싶은 것이다.

모든 것이 하나하나는 뻔하고 대단하지 않다. 그러나 전부가 갖추어지면 대단한 힘을 발휘한다. 그리고 지금까지 내가 배운 유대의 사고방식에는 그 힌트가 풍성하게 꽉 채워져 있었다.

CHAPTER 1

오감_{부터} 단련하라

후각, 시각, 청각, 미각, 촉각으로
단련하면 온몸으로 감이 온다

이야기를 들을 때도 이야기의 핵심을 들어 '이해'하는 것이 중요하다.

오감, 다시 생각할 때 필요한 것

> 두뇌를 명석하게 유지하고 싶으면 당신의 오감을 지켜라.
>
> (구약성서 외전 '족장편' 르벤부 6.1)

오감 단련은 왜 중요한가?

두뇌를 활성화한다고 하지만 마구잡이로 활성화 할 수는 없다.
활성화하기 위해서는 두뇌에 들어오는 자료가 필요하다.
그 자료라는 것은 어디서 얻을 수 있을까?

갓 태어난 갓난아기를 생각해 보자.
갓난아기는 부모로부터 유전자를 이어받고 태어난다. 유전자는
인체에 내장된 설계도와 같은 것으로, 그것에 의해 인체가 형성된다.

그와 동시에 유전자는 컴퓨터에 내장되어 있는 OS(기본 시스템)와 같은 것이다. 그 OS를 토대로 컴퓨터에 필요한 정보를 입력하고 갖가지 프로그램을 가동되게 한다. 마찬가지로 인간도 유전자에 내장된 기본 시스템 위에 갖가지 정보를 입력하면 인간으로서의 지성이 형성되고 지식을 획득할 뿐만아니라 판단력이나 생활력을 발전시킬 수 있는 것이다.

갓 태어난 갓난아기는 공장에서 갓 출하된 컴퓨터와 같은 것이다. 기본 소프트는 유전자 안에 내장돼 있지만 인간으로서 인간답게 살아가기 위해서 신체의 바깥에서 갖가지 자극, 요컨대 정보를 받아들여야 한다.

그 정보 안쪽의 가장 기본적 기능이 오감이다. 바로 시각, 청각, 촉각, 후각, 미각인 것이다. 오감을 통해서 신체 밖의 자극, 정보를 지각하여 우리들의 신체 내부로 받아들인다.

생각하는 행위를 적절히 조립하기 위해서는 이들 5개의 감각이 정상적으로 기능하는지 여부가 매우 중요한 요건이다. 당신이 오감을 전부 활용하고 있는지 그 여부는 당신의 사고력에도 영향을 주게 되는 것이다.

기원전 헬레니즘 시대※의 유대교의 가르침에 이미 '두뇌를 명석하게 유지하고 싶다면 당신의 오감을 지켜라'라는 명언이 있다.

인간은 태어나자마자 지적 행동을 하는 것은 아니다. 누구나 조금씩 그 지성을 발달시켜 나간다. 그것은 오감의 발달에 비례하여 순차적으로 성장해나가는 것으로 오감이 정상적으로 기능하지 않으면 사람의 지적 성장은 곤란하게 된다.

반대로 오감을 정확히 기능시켜 그것을 정말로 활용하면 누구나 지성을 좀 더 신장시킬 수 있다.

갓난아기는 어떻게 감각을 발달시키는가

오감이 적절히 기능하고 있는가를 확인하기 위해서는 당신 자신이 갓난아기였을 때의 기억을 더듬어 보는 것이다.

갓난아기였을 때 당신의 지각이 어떻게 발달해 왔는가, 상기해 보기 바란다.

갓난아기는 태어남과 동시에 우선 공기를 들이마시고 다음에 어머니 유방에 달라붙어 후각과 미각으로 모유의 맛을 기억한다.

사람이 세상에 태어나서 처음 사용하는 감각은 '후각'이다. 실제 뇌의 발달 과정 중에서 가장 원시적인 감각은 후각이다.

우리 인류의 조상이 아직 어류, 파충류였던 진화의 최초 단계에서 적인지 아군인지, 식물인지, 독인지를 판단하기 위해 냄새를 구별하여 생존에 가장 필요한 안전 정보를 판단했다.

후각이 안전하다고 판단하면 다음 단계로 입에 물고 미각으로 판단한 후 음식으로 섭취했다.

시각으로 파악한 대상이나 상대에 대해서도 그것에 대해 어떻게 반응할 것인가를 후각이 판단해 왔다. 만약 자신이 좋아하는 냄새라면 우선 안전하다고 판단하는 것이고 이 후각 뇌가 토대가 되어 대뇌가 활성하게 된 것이다.

후각과 **미각**을 재충전 시키자

너무 많으면 곤란하지만 소량이라면 바람직한 것, 이스트와 소금이다.

(탈무드 '베리호트' 편 34)

사람은 좋은 향을 만나면 기분도 좋아진다

인간이 안심하는 원점에는 모유에 함유된 미미하면서도 단 향과 맛이다. 때문에 우리들은 성인이 되고 나서도 어렴풋한 단 향에는 안도의 숨을 쉰다. 달콤한 향에는 마음이 편안해지고 안도감과 평안함을 느끼는 것이다.

반대로 나쁜 향, 불쾌한 냄새에는 본능적으로 거부 반응을 나타내고 그 악취의 발생원에서 멀어지려고 한다. 악취 때문에 후각이 마비되면 생명의 안전관리를 하는 근간적 판단이 흔들리기 때문에 예방하는 행동인 것이다.

두뇌를 활성화하고 조화로운 판단을 하려면 후각의 조정을 잊어서는 안 된다. 화초의 은은한 향기를 맡거나 오존에 찬 해변의 바닷바람을 즐기거나 숲속의 나무들이 발산하는 피톤치드*로 가득한 깊은 산속의 정기를 받아들인다. 이런 경험은 정신을 안정시켜 주며 평소 자신의 마음이 차분해지는 향을 소중히 여기고 조용히 그 향을 즐기면 좋다.

경쾌한 향기는 두뇌를 활성화할 뿐 아니라 건강까지도 힘이 솟아나게 해준다.

피톤치드 fitontsid: 수목에서 발산되어 주위의 미생물 등을 죽이는 기능을 가진 물질. 삼림욕 효용의 근원이 된다.

구약성서 안의 『잠언(27장9절)』에는 '향유와 향목은 사람의 마음을 기쁘게 한다'라는 구절이 있다.

유대인은 안식일(샤바트)이 끝나는 매주 토요일 밤이 되면 허브의 일종인 '하다스(밀토스)'잎의 향기를 즐긴다. 경쾌한 허브 향기는 마음을 진정시켜 줄 뿐만 아니라 전신을 발랄하게 해준다. 그리고 새로운 일주일을 건강과 희망에 차게 한다.

이와 관련하여 나는 서도書道의 묵墨 향기를 좋아한다.

책상에 화선지를 펼치고 벼루에 묵을 갈면 천천히 묵즙의 향기가 방안에 감돈다. 아아, 이것은 글자가 탄생한 역사의 향기다. 아아, 이것은 한자가 일본으로 전래되어 빚어낸 문화의 향기로구나……. 그런 감개에 잠긴다.

또, 나는 아랍 커피에 넣는 향료 헤르(카르다몬)의 향도 좋아한다. 커피 콩을 볶고 갈아서 냄비에 한 스푼의 커피와 적당량의 물 그리고 소량의 헤르를 넣고 강한 불에 올려놓는다. 물이 끓어오르면 잠시 불을 끄고 순환이 안정되기를 기다린다. 그리고 커피를 쭉 들이킬 정도의 작은 컵에 서서히 따라서 천천히 맛을 본다. 커피 향에 헤르의 향이 섞여 풍기는 독특한 향기의 훌륭함이란 참으로 행복 그 자체다.

두뇌 활성화라기보다 두뇌가 신생하는 것 같은 기분이 든다. 게다가 우물물, 샘물, 수돗물 등을 따로따로 냄새를 맡아서 그 미묘한 냄새의 차이를 확인해 보는 것도 좋은 방법이다. 대개의 사람은 물은 무미무취하다고 생각한다. 그러나 실제로 물을 마시며 구별해 보면 물의 냄새는 실로 가지가지다.

물 냄새를 잘 모르면 증류수, 순수, 미네랄워터, 수돗물 등 몇 가지 물을 동시에 마셔보도록 하자. 물의 각기 다른 맛에도 감성을 예민하게 해주기 바란다. 후각과 미각은 밀접한 관계가 있으므로 틀림없이 자신이 좋아하는 물을 찾을 수 있을 것이다.

와인에는 그 맛이나 풍미에 정통한 포도주 담당 '소믈리에'라는 전문직이 있다. 앞으로는 세계의 명수에 정통한 물 담당 감별사도 등장할지 모르겠다.

세상에는 냄새를 구별하지 못 하는 사람도 있고 맛도 구별하지 못 하는 사람도 있다.

일부러 식신이 되라거나 식도락가가 되라고는 말하지 않겠다. 미 각의 기억도 두뇌를 활성화시키기는 데 도움이 되기 때문에 각 지역 의 식염을 빨아보는 비교, 된장이나 간장의 맛 비교, 아름다운 쌀맛 의 비교 등 특히 담백한 맛의 식품 맛을 구별하는 것은 미각을 예민 하게 한다.

도요토미 히데요시가 천하를 통일하고 처음 관백으로서 교토에 들어갔을 때의 일화가 있다. 궁전의 요리사들은 솜씨를 모아 최상의 성찬을 준비했는데 히데요시는 기분이 좋지 않았다.

"소문만 듣던 교토 요리의 진수를 내놨다더니 터무니없구나!"

요리사들은 크게 당황하여 다시 요리를 만들기 시작했다. 그러나 히데요시의 깨진 흥을 돋우지는 못했다. 또 다시 요리를 만들어 내 자 세 번째는 기분이 좋아졌다.

그 상황을 파악한 요리장이 이렇게 중얼거렸다.

"관백이니 뭐니 하고 잘난 체하지만 역시 원숭이로군. 시골뜨기 라 교토의 담백한 맛의 장점을 전혀 몰라. 세 번째에 소금을 듬뿍 쳐 주었더니 그것을 먹고 맛있다니……."

맛이 짙기 때문에 맛있는 것은 아니다. 프랑스 요리에서나 이탈

리아, 아랍, 한국, 중국 등의 궁중요리라면 소재의 맛을 살린 담백한 맛이다. 향이 강한 인도의 커리 역시 상류의 식사는 스파이스(향료)를 살린 담백한 맛이다.

미묘한 맛과 향을 식별하여 그 소재의 장점을 즐기는 데서 문화의 풍부함을 엿볼 수 있다. 지적 생활의 발달과 미각, 후각은 무관한 것이 아니다.

미각과 후각은 두뇌 활성화의 포인트

당신이 오감을 전부 활용하는지 아닌지는 당신의 사고력에도 영향을 준다.

오감의 기초는 우선 후각과 미각이다. 후각과 미각의 감각을 신장시키기 위해서는 미미한 냄새를 맡아 구별하고 담백한 맛의 음식과 그 소재를 즐기는 것이 첫 걸음이다.

유대인은 매년 가을 추수감사절에 '스코트라'라는 축제를 한다. 그때 향나무인 미르토스(myrtos)의 가지나 시트론(citron)의 열매 등 갖가지 허브를 상자에 새로 가득 채운다. 그리고 1년 동안 안식일 저녁마다 그 여향餘香을 즐긴다.

신선할 때는 향기가 바로 상자에서 풍겨 나온다. 그러나 반년 정도 지나 건조되면 그 미미한 여향을 구별하기가 어렵기 때문에 신경을 상당히 집중하지 않으면 웬만해선 향을 알 수 없다. 희미한 향을 구별할 수 있었을 때의 기쁨, 몸 전체에 흐르는 차분함과 온화함은 말로 다 표현할 수 없다.

두뇌 활성화의 기초에는 이런 차분함과 온화함이며 그것을 즐길 줄 아는 '여유'가 매우 중요하다.

초여름, 땅거미 지는 저녁 무렵의 산책이 나는 몹시 기다려진다. 여기저기 골목에서 치자의 향기가 감돌기 때문이다. 재스민도 황혼 속에 조용한 방향(芳香)을 풍기게 된다.

4월부터 5월에 걸쳐 여름밀감(신맛과 쓴맛이 있다) 꽃이 필 무렵에도 산책이 기다려진다. 정원의 여기저기서 밀감 특유의 깊은 방향이 감돌게 되기 때문이다.

꽃이 적은 추운 1월은 짧은 기간만 피는 비파나무의 꽃향기도 잊을 수 없다. 비파는 장미의 친척으로 벚꽃이나 매화보다 달콤한 향을 풍긴다.

당신도 그런 것을 소중히 하고 있을 것이다.

미각이나 후각은 두뇌를 활성화시켜 사고를 예민하게 하는 제일의 조건인 것이다. 물론 각기 다른 향기를 내는 음식 재료 이름 정도는 꼭 기억하고 있었으면 한다.

청각 단련 '듣는 능력'을 키워라

듣는 방법이 잘못된 자는 대답할 때도 나쁘다.

(유대 봉세노르)

■ '소리'는 식물의 성장에도 깊이 관계한다

두뇌 활성화를 위해 다음에 점검할 것은 청각 능력이다.

후각과 미각이 순식간에 자신의 안전을 판단하는 힘과 깊은 관계가 있는 것처럼 마찬가지로 청각도 자신의 안전 판단과 관계가 있다. 굉음이나 비명 등에 대해서 조건반사적으로 반응하는 것이다.

그러나 인간에 있어서 청각의 큰 역할은 음이나 소리를 대뇌로 이어주는 것이며 대뇌가 그 내용을 이해하고 분석한다. 청각은 언어라는 추상적인 사고 작용을 활성화시키기 위한 중요한 입구다.

갓난아기의 귀가 들리는 것은 생후 2개월경부터라고 한다. 하지만 동물의 새끼나 사람의 갓난아기도 어머니의 소리는 그 전부터 인식한다. 이것은 태내에 있을 때 양수의 저편에서 전해오는 음을 듣고 있기 때문이다.

태어난 후 2개월 정도 되면 외부의 강한 음에 반응하게 되고 음을 들어 구별하고 언어를 인식하고 지성을 발달시켜 나가게 된다.

1960년대에 미국의 한 대학에서 매우 흥미 있는 실험을 했다.

넓은 부지에 같은 크기의 온실을 두 개 설치하고 햇볕의 양, 온도, 습도도 똑같이 유지했다. 각 온실에 여러 식물들을 같은 위치에 같은 종류의 것을 배치하여 우선 1년 동안 자라게 했다.

2년째에 한쪽 온실에 조용하고 부드러운 음악을 흐르도록 하자 모든 식물이 한층 더 푸릇푸릇 순조롭게 자랐다. 다른 온실에서는 불협화음과 충격음이 강한 비트 음악을 스피커 최대 음량으로 틀어주었다. 그러자 이쪽의 식물들은 차츰 쇠약하여 시들고 말았다.

어떤 음이 어떻게 영향을 미칠 것인지는 두뇌 활성화에 깊은 관계가 있을 뿐만 아니라 원래 생명을 낳고 자라게 하는 것에도 크게 관계가 있음을 증명한 예라고 할 수 있다.

소리는 문화다

어떤 음을 어떻게 들려줄 것인가는 사람의 성격과 문화 형성에도 큰 영향을 준다.

예를 들면 일본인에게는 일본인의 리듬과 음이 있다. 우란분재(盂蘭盆齋: 부모에게 공양 하는 날)를 전후하여 젊은 남녀가 모여 추는 춤이 일본 문화를 형성하고 있다.

아프리카인에게는 아프리카인의 리듬과 음이 있다. 두 손, 두 다리, 두 어깨, 몸통과 목, 각각 다른 리듬을 타고 전신의 각부가 다른 리듬에서의 춤이 가능하다. 그것이 미국 대륙에 전해져 재즈, 삼바, 맘보, 룸바 등 흑인 음악의 기초가 되었다.

아랍인에게는 아랍인의 리듬과 음이 있다. 서양음악의 악보에서는 나타낼 수 없는 가락이 연속된다. 비파의 원형 악기인 우드라를 중심으로 현악기가 중심이 되어 구성된 음악이다. 보통 한 곡당 1시간 동안 연주된다.

그야말로 아라비안나이트 같은 설화 속의 세계가 펼쳐진다.

이것은 모두 어릴 적부터 생활에서 나오는 소리와 음악을 들어서 형성된 문화인 것이다.

나는 예루살렘의 히브리대학 유학시절 기숙사에 머물렀다. 내 방 바로 앞이 학생 회관이었는데, 그곳에서는 매주 토요일 밤 댄스파티를 열었다.

당시 중남미 유학생이 많았던 탓에 매주 댄스파티에서 라틴음악이 대유행이었고 밤새 스피커에서 흘러나오는 큰 음악소리가 낯설어서 잠을 설치곤 했다. 대단히 불쾌했다.

그런데 귀국하고 나서 그 음악을 다시 들을 수 있는 기회가 우연히 찾아왔다.

일본에서 유행하는 라틴음악은 모두 우란분재 때 추던 춤으로 식상했다. 히브리대학의 기숙사에서 듣던 라틴 음악과는 분명히 달랐다.

싫다, 싫다고 생각하면서 듣던 진짜 라틴음악이 언제부터인가 내 몸에 배어 들었던 것이다.

그때부터 나는 오히려 본고장의 라틴음악을 들으면 마음이 차분해지고 온화해진다.

미각은 유아기 이후 깊이 새겨져 '취향'이 이루어진다. 음악도 마찬가지다. 느끼는 것으로 안심한다. 그런 의미에서 미각, 후각, 청각은 깊이 관계하는 것이다.

🪑 '귀를 기울여 듣다'가 없으면 커뮤니케이션도 없다

중세 스페인 때 랍비 모시에 이븐 에즈러는 말했다.

"들을 때는 말할 때 이상으로 주의를 기울여라."

음을 듣는다는 뜻의 한자는 두 개가 있다.

하나는 '듣는다'로 좌우에 열린 문 사이에서 전해져 오는 음을 듣는 것을 의미한다.

또 하나의 '듣다'는 귀를 기울여 마음을 똑바로 하고 주의해서 경청하는 것이다.

어찌되었든 귀를 기울여 듣기 위해서는 정신집중과 노력이 필요하다. 귀에 들려온 음이 정보인지, 잡음인지, 의미가 있는지 없는지, 의미가 있다면 어떤 의미인지를 파악해야 한다. 음이나 소리는 맛이나 향기와 달라 우선 그 대상에 대한 지적 분석이 요구된다.

게다가 귀를 기울여 들은 후, 이번에는 이쪽이 어떻게 대응하고 어떻게 발성할지 알게 된다. 그리고 '어떻게 이야기할 것인가'하는 지적 대응으로도 발전해 간다.

이런 점에서 귀를 기울여 듣는다는 것은 두뇌 활성화와 밀접한 관계를 가지고 있다.

글자가 없는 시대와 글자가 있어도 쓴다는 작업이 일반 사람들이 감당 못할 만큼 고가였던 시대에는 귀를 기울여 들은 것을 암송하는 것이 저렴한 일이었다.

때문에 그런 사회에 있어서는 왕족이나 일부 부유층의 사람들을 제외하면 일반 사람들은 지식 전달과 계승을 오로지 이야기하는 사람※의 입에서 입으로 전해지며 이루어지고 있었다.

이야기하는 사람: 역사책이 없었던 상고시대에 조정에 출사하여 전설이나 고사를 외워서 이야기하는 것을 소임으로 하는 씨족

현대에 이르러서야 신문, 잡지, 서적, 인터넷 등 오로지 글자로 정보를 전달하게 되었던 것이다.

유대의 사회와 문화는 '들어라, 이스라엘!'이라는 성서의 한 구절로 요약된다. 초대 유대교 정통파 사람 중에는 현대에도 스승의 강의를 한 번 듣고 전부 외우는 사람이 있을 정도다.

우선 '귀를 기울여 듣는다'가 없으면 말한다는 것도 있을 수 없다. 귀를 기울여 듣는 것을 무시해서는 대화도 이루어지지 않는다.

1974년, 나는 당시 전미 이과耳科학회장을 맡았던 빅터 굿힐 박사에게 "선생은 왜 이과를 선택하셨습니까?"라고 질문한 적이 있다. 그러자 선생은 대답했다.

"청각을 빼앗긴 사람, 청각 장애가 있는 사람은 앞을 못 보는 사람 이상으로 불행합니다. 왜냐하면 그들은 필담이나 수화로만 소통이 가능하니까요. 그것이 내가 이과를 전문으로 하게 된 이유입니다."

그는 남 캘리포니아 대학 의학부 교수, UCLA 의학부장을 역임하고 있었다. 아랍 여러나라의 왕족도 그에게 치료를 받으러 와 있었다.

"청력을 회복한 사람은 누구의 이야기에도 귀를 기울이게 됩니다. 세계의 평화를 위해서는 모두 타인의 이야기를 듣는 것이 중요합니다."고 말했다.

선생은 그와 같은 신념하에 청력 회복에 대한 의료와 연구에 매진하고 있다.

🪑 두뇌 활성화를 위해 복창하여 청력을 높여라

귀 기울여 듣는 능력을 신장시키려면 어떻게 하면 되겠는가.
첫째로, 귀 기울여 들은 것을 바로 복창하는 것이다.

예를 들면 라디오 뉴스에서 아나운서가 그 날의 주요 사건 3, 4개 항목을 15~30초 정도로 소개한다. 그 제목을 듣고 바로 복창해 보는 것이다. 이것이 간단한 것 같으면서도 쉽지 않다. 보통 5분 뉴스라도 그 내용을 한 마디 한 구절 전부를 기억하는 것은 거의 불가능하다. 요점만을 기억하는 것이 고작이다.

사람에 따라서 자신이 관심 있는 것, 다시 말해 정보를 받아들이는 측의 이익이 일치 하는 것, 상황에 따라 편리한 것밖에 기억하지 못 한다. 그 결과 들은 후 스스로 기억하는 정보의 내용이 최초의 정보와 다소 다른 뉘앙스인 경우도 흔하다. 때로는 내용이 크게 달라져버리는 경우도 있다.

사람들은 들은 대로 받아들이지 않는 것이다.

때문에 이른바 전언 게임 등을 하면 최초의 사람이 발신한 발언과 최후의 사람이 받아들인 전언의 내용이 전혀 다른 결과가 되어 버리는 것이다.

들은 내용을 사람이 거의 전부 기억할 수 있는 것은 일반적으로 20초 전후의 발언까지이다.

이야기가 1분에 미치면 대개 그 30퍼센트도 정확히 기억할 수 없다. 이야기를 요약해서 내용을 압축하지 않으면 우리들의 기억에 들어가지 않는다.

그러므로 복창하여 기억에 새겨두는 것이 필요하다.

청력을 높이려면 중점을 기억하라

두뇌 활성화에 유효한 '귀 기울여 듣는 능력'을 높이기 위해 둘째로 어떻게 할 것인가.

우선 15초 정도의 이야기를 전부 정확히 들어 이해하는 훈련을 하는 것이다.

정확히 들어 이해했는지 스스로 그것을 복창해 보면 된다. 정확히 복창할 수 있으면 정확히 들어 이해했다는 증거다.

그 다음 이야기의 중요한 몇 군데만 정확히 들어 이해하고 또 기억하도록 노력해 본다.

거기서는 순간적으로 무엇이 중요한가를 인식하는 능력도 문제가 된다.

말하는 사람이 강조하는 부분이 이야기의 요점이나 요약도 아니다. 이야기의 중요한 몇 군데를 귀 기울여 듣는 사람인 자신이 중요하다고 생각하는 것, 자신에게 있어서 중요한 내용을 말한다.

이야기하는 사람이 중요하다고 강조해도 자신이 중요하다고 생각하지 않는 것은 필요없는 것이다. 필요없는 것은 기억할 필요도 없다. 때문에 남의 이야기를 들으면서 자신에게 중요한 것과 필요없는 것을 순간적으로 판단하여 무용한 것은 바로 버리고 중요한 것은 순간적으로 받아들이는 습관을 익히면 된다.

중요한 것을 바로 구별하려면 능력을 키우는 것이다.

그렇기 위해서는 사람과 이야기할 때마다 상대가 친구든, 상사든, 선생이든 '뭔가 중요한 것을 말하는 것은 아닐까?'하고 문제의식을 가지고 남의 이야기를 듣는 것이다. 그 문제의식이 두뇌를 활성화시킨다.

귀 기울여 듣는 능력을 높이려는 사람에게 권하고 싶은 방법이 있다.

예를 들면 저명한 사람의 강연 녹음 등을 처음부터 끝까지 주제에 상관없이 전부 받아 적고 스스로 정리해 보는 것이다.

강연이라 해도 이야기가 처음부터 끝까지 논리 정연하게 일관되었다고는 말할 수 없다. 그런 이야기를 새삼 사리에 맞는 문장으로 정리하는 작업을 해보면 포인트를 잡는 방법을 차츰 터득하게 되고 타인의 이야기를 경청하는 방법도 익히게 된다.

다만 남의 이야기에 도취되어서는 안 된다. 그것은 나중에 아무 것도 남지 않는다.

꽃을 구경하듯 이야기를 그저 구경만 하고 있어서는 안 된다. 만약 꽃구경 했다고 선물로 꽃 한 송이를 가져가려고 한다면 틀림없이 모양이 곧게 뻗은 꽃 가지를 꺾을 것이다. 이와 같이 이야기를 들을 때도 이야기의 핵심을 들어 '이해'하는 것이 중요하다.

항상 이야기의 '핵심은 무엇인가'하고 의식하면 그것이 가능하게 된다. 따라서 듣고 이해하는 능력은 당신의 사소한 궁금증으로 인해 차츰 발전하게 될 것이다.

쇼토쿠 태자는 10명이 말하는 소리를 동시에 들었다고 한다.

실례를 들진 않겠지만 전철이나 레스토랑 등 공공의 자리에서 타인의 대화에 귀를 기울이는 것은 두뇌를 활성화하고 듣는 능력을 높이는 데 매우 효과가 있다.

어떤 그룹에서나 한 사람 정도는 소리가 큰 사람, 또는 말이나 문장 따위의 논리가 막힘없이 적절하게 이어 나가는 사람이 있다. 그 사람에게 비추어 그 그룹이 어떤 대화를 하는가를 관찰하는 것이다. 그것도 한 팀의 이야기뿐만 아니라 동시에 두 팀이나 세 팀의 이야기에 귀를 기울여 대화 내용을 줍는다.

그때 자신은 지인이나 친구와 대화를 하면서 또 다른 그룹의 이야기에도 귀를 기울인다. 이것은 음의 '점과 점'을 결합해 단편적인 정보에서 전체를 추리 구축해 보는 능력 신장과 결부된다.

다시 말해서 약간 떨어진 곳에서라도 들어서 이해할 수 있는 소리는 그룹 내의 고작 한 사람의 목소리다. 나머지 멤버의 소리는 들리지 않는다. 그러나 한 사람의 이야기의 점과 점을 연결하면 어느 정도는 그 그룹 전체의 대화가 들리게 되는 것이다.

지금 그 그룹의 이야기 주제는 무엇인가, 그들은 그 주제에 관해서 어떤 의견을 가지고 있는가, 그 그룹의 대화의 특수성은 무엇인가를 알게 될 것이다.

그런 호기심을 가지고 의식하여 타인의 이야기에 귀를 기울여 들으면 두뇌도 활성화될 것이고 귀를 기울여 듣는 능력도 향상 될 것이다.

이것을 2~3개월 동안 의식적으로 해 보라. 그러면 쇼토쿠 태자와 같이 10명의 이야기를 동시에 듣는 것은 힘들어도 세 명 정도의 소리, 혹은 3개소 정도의 음은 동시에 구별하게 될 것이며 세 개의 다른 음을 동시에 분석, 판단하게 될 것이다.

단편적이라도 귀에서 여러 가지 정보를 받아들임으로서 당신은 그것들을 분석하고, 수습하여 선택하고, 추리하고, 재구축하고, 비평하는 두뇌를 입체적으로 활성화하게 되는 것이다.

'조음調音' 훈련을 해보자

귀를 기울여 듣는 능력의 강화라는 점에서는 '조음'도 중요하다.

오케스트라는 연주를 시작하기 전에 악단 전원이 기준 음에 자신의 악기 음을 맞추는 '조음'이라는 작업을 한다.

제일 먼저 바이올린의 수석 연주자인 콘서트마스터가 우선 '라' 음을 켠다. 그것에 맞추어 각 악단원은 자신의 악기 음을 조율한다. 그 후, 각자 악보에 따라 자신이 담당하는 음을 창조하여 연주를 시작하는 것이다.

미묘한 음계를 어떻게 창조하고 또 어떻게 표현하는가!

그 기초는 음계를 이해하고 음의 상이함을 파악하는 데 있는 것이다. 오케스트라를 들음으로써 이런 능력은 차츰 단련된다.

음계를 올바르게 파악하고 표현하는 것은 뇌의 고도한 집중과 기능을 요구한다.

바이올린의 명수名手였던 굿 힐 박사가 바이올린 연주를 즐기는 사람을 직업별로 조사한 결과 특히 의사와 변호사가 압도적으로 많았다. 음악 연주가 그들 직업의 스트레스 해소에 효과가 있기 때문이며 다른 한편으로는 그 이상으로 음을 창조하는 즐거움이 그들 두뇌를 자극하고 스트레스를 풀어 주어 신선한 만족을 주기 때문이다.

여담으로 두뇌를 활성화하기 위해 멀리 달리는 구급차의 사이렌 소리를 듣는 것도 효과가 있다. 구급차의 사이렌 소리는 세계 공통이므로 어디서든 연습할 수 있다. 구급차의 사이렌 소리를 들으면서 어디를 달리는가, 다가오는가, 멀어지는가, 어떤 방향으로 달리는가, 어디서 정차할 것인가를 생각한다.

익숙해지면 사이렌 소리를 1킬로미터 이상까지 들을 수 있게 된다. 또 구급차를 알아챈다는 것은 거기 탄 사람을 배려한다는 의미도 된다.

'시각 정보'는
오감 정보의 큰 부분을 차지한다

> 눈은 보는 것에 만족하지 않고 귀는 듣는 것으로 만족 되지 않는다.
>
> (성서 「전도서」 1.8)

🪑 집중해서 보지 않으면 기억에 남지 않는다

청각 감도를 높이는 습관을 익혔으면 이번에는 시각 기능을 두뇌 활성화에 맞게 사용하는지 체크해 보자.

보는 것 자체가 실은 대단히 에너지를 사용하는 행위다.

우리들은 오감을 통해서 여러 가지 정보를 받아들인다.

개중에서 시각 정보 처리만을 위해 대뇌 활동 에너지의 3분의 2

가 소비된다고 한다.

모든 것을 '본다'는 행위에 대해서 우리들은 일상 속에서 거의 의식하고 있지 않다. 그 증거로 안대를 하고 도로를 걸으면 갑자기 귀에 들려오는 소리가 늘어나고 코로 들어오는 냄새에도, 발밑에서 전해 오는 도로의 감촉에도 민감해 진다.

게다가 이마에서 햇볕이나 바람을 느끼고 피부로는 양지와 그늘의 미묘한 온도 차이까지도 곧 느끼게 된다.

눈을 뜨고 있기만 해도 우리들은 나머지 모든 기관에서의 감각과 정보 처리를 거의 할 수 없게 되고 마는 것이다.

그러면 눈을 뜨고 있다고 눈에 들어오는 모든 광경을 정보로서 정확히 파악하는가? 그렇지는 않다. 보는 것이 당연시 되어 타성에 젖어 보여야 할 것도 보이지 않는다.

"마음에 있으면 보지 않아도 보인다."

이 속담이 맞는 말이다. 주의력이 어디로 향하는가에 따라 시각도 무효가 되는 경우가 있는 것이다.

충분히 정신을 집중하여 대상물을 보지 않으면 보고 있어도 거의 아무 것도 기억에 남지 않는다. 시각에 들어오는 정보가 너무 많아 대뇌의 정보 처리가 뒤따르지 못하기 때문이다.

백화점의 바겐세일에서 품평에 열중하다 보면 날치기 피해를 보는 사람이 있는데 이것은 주의가 경계 쪽으로까지 돌지 않은 결과이다.

두뇌 활성화를 위해 시각 감도를 단련하라

두뇌 활성화를 위해서는 시각의 감도 강화가 필요하다.

그 유효한 방법의 하나는 호기심 어린 눈으로 시내를 보는 것이다. 예를 들면 매일 지나다니는 같은 도로라도 '오늘은 어제와 무엇이 다른가?'하고 의문을 가지고 바라보는 것이다.

거리의 풍경, 신규 개점의 레스토랑이나 상점, 즐비한 집들과 화단, 빌딩의 임대 간판이나 창의적인 디자인, 거리의 포장이나 포석, 집들의 지붕, 빌딩 최상층의 장식이나 장치, 오가는 사람들의 복장이나 인상, 그 표정과 자세, 건강한지 피로한지.

통과하는 차의 차종과 번호, 전반적인 운행속도. 맞은편에서 오는 차의 운전자는 남자일까, 여자일까, 젊었을까, 늙었을까.

거리에 줄지어 선 상점들에 새로운 물건이 진열돼 있는지.

도로에 쓰레기가 떨어져 있지 않은지, 머리 위 전선에 참새나 비둘기가 앉지 않았는지.

가로수 잎의 색이나 상태는 어떤지.

그런데 이 가로수의 이름은 무엇일까? 등등.

주의해서 보면 많은 정보가 시각으로 들어온다.

당신은 그 하나하나의 특성과 다른 점을 발견하려고 자각하는가. 또 그 차이를 기억하려고 유의하는가.

이런 두뇌 활성화 습관이 쌓이면 시각 정보를 정확히 기억하는 능력이 자라고 나아가서는 고도의 판단력, 넓은 식견을 배양하는 토양이 된다.

모든 것을 막연히 바라보는 사람은 아무런 발견도 발명도 얻지 못 한다. 그런 사람에게는 양질의 일을 기대하기 어려울 것이다. 보는 것을 소홀히 하고 타성에 젖은 사람에게 빛은 기대할 수 없는 것이다.

이와 관련해서 동서고금을 불문하고 우수한 요리사는 요리를 담는 것에도 미적 재능을 발휘한다. 이것은 후각, 미각의 발달과 시각 인식이 깊게 관계하기 때문이다.

'촉각'을 자극해
두뇌를 활성화한다

상처입고 나서야 비로소 손가락에도 생명이 있다는 것을 깨닫는다.

(하임 그린버그)

의식해서 촉각을 사용하라

일반적으로 건강한 사람이 의식하여 사용하지 않는 감각이 하나 있다. 그것은 촉각이다.

눈이 부자유스런 사람은 시각이 닫혀 있기 때문에 촉각이나 청각에 신경을 집중시켜 외부 자극을 정보로 받아들인다.

건강한 우리들은 점자도, 지폐 왼쪽 아래 구석에 새겨진 요철도 식별하지 못 한다. 그것은 손가락의 촉각을 사용하는 데 익숙하지 않기 때문이다. 손가락에서의 정보를 읽고 이해하고 해석하는 시스템을 발달시키지 않았기 때문이다.

손가락의 촉각을 예민하게 하려면 물건을 꼭 잡는 것이 아니라 손가락으로 살짝 부드럽게 만져서 무엇을 만졌는지 그 감촉을 기억한다.

눈꺼풀을 가볍게 감고 처음에는 손가락만으로 다음에는 손바닥 전체로 여러 가지 물건을 살짝 만져서 그 감촉을 기억한다. 이것은 눈을 뜨고 만져서는 얻을 수 없는 섬세한 경험이다.

익숙해지면 물건을 보지 않고 만지기만 해도 무엇인지 알 수 있게 된다. 컴퓨터 키보드를 보지 않고 하는 '루빅 큐브(rubik'scube)의 선수권대회'등은 그 대표적인 예이다.

예를 들면 렌즈의 달인은 미크론 단위의 렌즈 왜곡을 손가락으로 탐지한다.

근대 서양철학에 큰 공적을 남긴 스피노자(Baruch Spinoza)는 렌즈 닦기로 생계를 이었다고 한다. 아니나 다를까 손가락의 그런 섬세한 주의력이 그의 철학의 정미함에 반영된 것인지도 모른다.

또 베테랑 초밥 장인은 손으로 매번 똑같은 양(틀림없는 1그램)의 밥을 움켜쥔다.

그런데 그런 미량의 차이를 오차 없이 인식하는 사람은 장인들 사이에서도 소수다. 거기에는 보통 사람이 미치지 못 한 남모르는 부단한 노력과 수련에 있다.

오사카에서 활약하는 일본 제일의 트럼프 마술사 나가오 토시하루 씨와 스가노 코쇼 씨는 카드를 만지기만 해도 무슨 카드인가를 바로 안다고 한다.

손가락에 눈이 있다. 그 감각을 단련하기 위해 스가노 씨는 매일 목욕탕 안에서 '주먹을 쥐었다, 폈다'를 500번씩 한다고 한다.

♦ 동전을 쥐어 무게 감각 단련하기

손쉬운 방법으로 촉각을 시험하려면 동전을 활용한다. 1엔짜리 알루미늄 동전은 중량이 꼭 1그램이다. 10개면 10그램. 5엔짜리 황동 동전은 3.7그램, 10엔짜리 적동 동전은 4.5그램, 50엔짜리 동전은 4그램, 100엔짜리 동전은 4.8그램이다.

1엔짜리 동전을 10개 쥔 무게 감각과 100엔짜리 동전 2개의 무게는 거의 같다. 각각 두 손에 쥐고 10그램의 무게 감각을 기억한다. 1엔짜리 동전으로 50엔을 갖추면 50그램이다. 그런데 5엔짜리 동전으로 50엔을 만들면 37그램이다.

100엔짜리 동전 10개로 거의 50그램의 중량을 기억할 수 있고 10엔짜리 동전 20개로 90그램의 무게를 기억할 수 있다. 이와 같이 연습을 통해 감각을 단련하는 것이다.

현재 일반 우편의 규격 중량이 80엔까지는 25그램이다. 때문에 만약 봉투에 넣은 우편 물이 100엔짜리 동전 5개보다 가벼우면 80엔 우표로 충분하다. 봉투와 용지의 무게에 따라 다르겠지만 보통

A4사이즈 용지 4매와 봉투는 25그램 이하다.

그런데 만약 그것보다 무거우면 25그램을 넘기 때문에 90엔 우표가 필요하다. 규격 중량이라면 봉투를 포함해서 50그램까지가 90엔이다.

손에 봉투나 용지를 든 무게 감각으로 25그램 이하인지 어떤지 확인한다. 이것은 의외로 두뇌 활성화에 유용한 방법이다.

손·발 자극으로 두뇌를 활성화하라

최근 고령자의 기능장애 방지를 위해 손가락을 쓰는 작업이나 운동을 추천한다. 이것은 뇌경색 등으로 운동기능장애를 초래한 사람의 재활 훈련에도 유효한 방법중 하나다. 다시 말해서 손가락 운동은 대뇌를 효과적으로 자극하기 때문이다.

생각하는 힘을 높이기 위해서도 대뇌의 기능 전체를 활성화시키는 것이 중요하다.

매일 건강하고 상쾌하게 활동하기 위해서는 어떤 점에 주의하면 좋을까?

그러려면 아침에 눈을 떴을 때 침대 안에서 두 손을 벌리거나 오므리거나 하여 '손을 쥐었다, 폈다'를 몇 번 한다. 다음에 두 손의 손가락을 주무른다.

두 손 뿐만 아니라 양쪽 발가락도 마찬가지로 굽혔다 폈다, 다리도 오므렸다, 폈다 한다. 그리고 두 다리를 복사뼈에서 장단지에 걸쳐 발바닥에서 몇 번 마사지한다. 그리고 한쪽 다리를 번갈아가며 발가락을 펼쳤다, 허리뼈를 끌어올렸다, 벌렁 누운 채로 다리·허리 스트레칭을 몇 번 한다.

다음에 두 다리를 이불 위에 내놓고 허리를 띄워서 천장을 향해 두 다리를 늘리고 줄이는 연습을 한다. 그리고 천천히 침대에서 일어난다.

이렇게 하면 순조롭게 기상할 수 있을 뿐만 아니라 다리·허리의 감각도 단단히 조여진다. 이것만으로도 기분 좋게 일어날 수 있다.

차가운 물로 세수하는 것도 대뇌에는 좋은 자극이다.

고혈압이 아니라면 차가운 물을 머리에 끼얹는 것도 의식을 선명하게 하는 데 효과적이며 반대로 뜨거운 타월로 얼굴을 닦는 것도 피부의 자극에 좋다.

나는 집에서 한 겨울 이외에는 항상 맨발로 지낸다. 발바닥의 감촉이 바로 대뇌로 전해지기 때문이다.

겨울에는 머리는 차고 다리는 뜨거우니 다리가 식지 않도록 주의하고 감기 예방에도 유념한다. 그러나 그 이외의 계절에는 맨발로 지내고 발바닥으로 체내의 과열을 발산하고 머리를 차게 유지하도록 한다.

발바닥 감각을 예민하게 하기 위해서는 맨발로 짚신이나 나막신을 신는 것도 권하고 싶다.

하긴 나막신으로 거리를 걸으면 달그락거리는 소리가 나기 때문에 요즘은 약간 창피하다. 게다가 타일이 깔린 바닥이면 발밑이 미끄러지기 쉬우므로 나는 구두 바닥용 고무를 잘라서 내 나막신 바닥에 붙여 사용하고 있다.

맨발은 원래 신이 내린 선물이다.

대지 위에 바르게 서기 위해서는 우선 발바닥의 정보 센서도 만전을 다해 기능하게 할 필요가 있다.

전신으로 생각하는 것을 재고하라

두뇌를 활성화시키는 목적은 생각하는 힘을 높여 의미 있고 충실한 생활을 하는 것이다.

그렇기 위해서는 눈앞의 터득 법은 별로 도움이 되지 않는다. 두뇌를 포함해서 생각하기 위한 모든 기관이나 모든 감각을 예민하게 하여 그 기능을 최대한으로 이끌어내는 것이 중요하다.

고대 이스라엘 사람들은 이렇게 생각했다.

'신장이 선악을 판단하고, 장이 슬픔을 느끼고, 심장이 이성적 작용을 한다.'

현대의 대뇌 생리학에서는 물론 그와 같은 이해 방법을 인정하지 않는다. 대뇌에서 사고하고 대뇌에서 감정이 솟고 대뇌의 지령으로 각 장기에서의 호르몬 분비가 조절되고 전신의 기능이 조절된다. 현대 의학에서는 그와 같이 생각한다.

그런데 '지정의知情意'를 포함해서 인간답게 주체성과 존엄에 차서 생활한다는 것은 대뇌에만 관계되는 것은 아니다. 오히려 살아서 생각한다는 것은 인간으로서 전신의 안전을 위한 행위 전부라고 간주해야 할 것이다.

두뇌의 활성화를 대뇌만의 작업이라고 생각하고 대뇌에게만 그 기능과 책임의 전부를 집중하면 오히려 신체의 각 부분이 변조를 초래한다.

예를 들면 슬프면 밥이 목으로 안 넘어가게 된다. 슬픈 나머지 모든 일에 판단하는 것조차 싫어진다. 초조해 하면 혈압이 올라갈 뿐만 아니라 극단적인 사고를 하게 된다. 스트레스가 쌓이면 판단 실수를 하거나 감정을 폭발시키거나 외톨이로 틀어박히거나 한다.

이들 증상은 모두 대뇌만의 책임은 아니다. 온몸의 기관이 적절히 역할 분담하지 않고 서로 보조하지 않은 결과인 것이다.

건강하고 건전한 생활을 위해서는 온몸으로 생각하고 온몸을 적절히 유지하는 것이 중요하다.

CHAPTER 2

‘말’을
내것으로
하라

우선 ‘읽고 쓰기’를 익혀야
두뇌 활성화로 이어진다

단순히 눈으로 읽고 입으로 낭독하는 것만으로는 안 된다

언어 감각을 익힌다

> 사상 없는 말은 힘줄 없는 다리와 같다.
>
> (랍비 모세 이븐 에즈라)

뉘앙스를 소중히

두뇌를 활성화하고 생각하는 힘을 높이기 위해 없어서는 안 될 것이 '말들'이다.

언어능력과 도구를 사용하는 능력이 진화한 덕택에 인류는 다른 동물과 달리 비약적으로 문명을 진보시켰다.

언어를 지껄이지 않아도 어느 정도의 감정은 제스처나 몸짓으로 표현할 수 있다.

그러나 생각이라는 것을 표현하려면 아무래도 말이 필요하다. 말을 빼고는 자신의 생각을 조립하거나 표현하거나 하는 것이 거의 불가능하다.

그러면 보다 많은 어휘를 가지면 두뇌가 활성화되고 자유롭게 생각을 나타낼 수 있는가 하면 반드시 그렇지도 않다.

보통 일상생활에서 사용하는 말의 수는 고작 3000단어 전후다. 나도 숙어를 포함해 3000개 정도의 표현을 한다. 어느 나라 말이든 기본 단어 혹은 표현을 3000개 정도 기억하면 대개 생활하는 데 불편하지 않다.

그런데 자신의 생각을 적절히 나타내려면 3000단어만으로는 부족한 경우도 나오게 된다. 자신의 생각이나 마음속의 감정에 꼭 맞는 뉘앙스를 전하기 위해서는 유사한 의미의 표현을 몇 가지 알아두면 크게 도움이 된다.

대체로 같은 의미라도 미묘하게 맛이나 어감이 다른데 그 미묘함이 중요하다 하겠다.

예를 들면 하늘이라는 것을 표현하는데

'하늘天', '공空', '청공靑空', '대공大空', '창공蒼空', '천공天空', '허공虛空'……

어떤 것을 사용하느냐에 따라 글자에서 받는 인상도 소리로 냈을 때의 어감도 상당히 달라진다.

어휘를 늘리기 위해서는 유사어 사전을 활용하는 것이 간단하지만 약간 안이한 방법이다.

그것보다 우선 국어사전, 고어사전, 한한사전, 한자사전 등 각종 사전을 반복하여 펼쳐서 갖가지 표현이나 용례를 친숙하게 익혀 두는 것이 좋다.

한자사전을 찾으면 한자의 성립부터 설명하고 있으며 한자의 깊은 의미를 알 수 있다. 재미있는 것은 사전의 편집자에 따라 같은 한자라도 성립의 설명이 달라져 있는 경우가 적지 않다. 여러 권의 사전을 비교할 것을 권유하고 싶다.

그 설명의 미묘한 차이를 깨닫는 것도 두뇌 활성화에 도움이 될 것이다.

국어는 고어에서 발전해 오는 것이 대부분이므로 고어사전으로 거슬러 올라가 의미나 사용법을 조사해 보면 '아하?'하고 생각하는 체험을 하게 된다.

보통 고어사전에는 '자유'라는 말은 없다. 고어사전에서는 자유와 유사한 '자재自在'또는 '자용自用'이라는 말이 있다. 이것은 생각대로 행동할 수 있다거나 생각대로 기술을 사용할 수 있다는 의미다.

조사해 보면 '자유'란 말은 불교의 선종에서 전래돼 일본에서도 사용하게 된 흔적을 볼 수 있다.

임제종의 시조 임제 화상의 어록『임제록』에는 자유라는 단어가 나온다. 거기서는 생사가 자유라는 의미로 사용된다.

에도시대* 때 3대 쇼군 이에미츠*부터 존경 받은 다쿠안 오쇼*의 저서 『후도치신묘로쿠不動智神妙録』에 검술 기법의 경지로서 '자유자재'의 의미인 '자유'가 사용되었다.

다쿠안의 제자였던 야규 다지마노카미*의 『병법가 전서』나 미야모토 무사시*의 『고린노 쇼』등에서도 자유라는 말이 사용되고 있다. 그러므로 에도시대 후반에는 무사 계층 사이에서 차츰 자유자재라는 말이 퍼진 것이라고 추측된다.

그리고 후쿠자와 유키치*의 『서양사정』이나 『학문의 권유』 등을 통해서 막부 말에서 메이지유신 이후가 되어 영어의 프리덤(freedom), 리버티(liberty)의 번역어로 인권으로서의 '자유'를 사용하게 된 것이다.

말 사용법의 변천을 바라보기만 해도 지적인 자극을 받는다. 여러분도 직접 사전을 찾아 비교하고 말의 역사나 뉘앙스의 차이를 깨닫기 바란다. 각각의 말이 갖는 어감, 음감에도 주의해서 음미하기 바라며 각각의 말이 자신의 어떤 감정, 어떤 기분과 일치하는가를 확인해 주기 바란다. 여기서 두뇌 활성화의 세계가 펼쳐지게 되는 것이다.

에도시대: 도쿠가와 이에야스德川家康가 세이이 다이쇼군征夷大将軍에 임명되어 막부를 개설한 1603년부터 15대 쇼군将軍 요시노부慶喜가 정권을 조정에 반환한 1867년까지의 봉건시대.

다쿠안 오쇼: 1573~45. 대덕사 주지, 동해사 주지.

이에미츠: 1604~51. 도쿠가와 이에야스의 손자. 막부 3대 장군.

야규 다지마노카미: 도쿠가와 이에야스에게 발탁되어 아들 도쿠가와 히데타다의 병법스승이 된다.

미야모토 무사시: 일본 에도시대 초기의 무사이기도 한 이색적인 화가로 힘있고 직선적이며 무사다운 패기가 있고 예리한 기백을 간직한 약필에 의한 수묵화, 특히 새 그림을 잘 그렸다. 쌍검을 사용하는 검도인 니토류를 개발하여 니텐이치류의 시조가 되었다.

후쿠자와 유키치: 일본의 계몽가이자 교육가로 에도(지금의 도쿄)에 네덜란드 어학교인 난학숙蘭学塾을 열었고 메이로쿠사明六社를 창설한 후, 동인으로 활약하며 실학과 부국강병을 강조하여 자본주의 발달의 사상적 근거를 마련하였다.

요시카와 에이지*, 아쿠타가와 류노스케*, 키쿠지 칸*, 미야자와 겐지* 등의 작품은 명문으로 넘치고 있다. 야마모토 슈고로*나 이케나미 쇼타로*도 표현이 풍부해서 여러 가지 공부가 된다.

명문이라는 것에는 리듬이 있다. 미끄러지듯이 입에서 나온다. 그 리듬과 음운이 자연히 독자의 마음에 스며들어 독자 자신의 어휘를 늘려준다.

유명하다는 소설가나 시인의 작품이라도 계속 마음에 들어오지 않는 것이 많다. 기교를 부린 문학작품이긴 해도 명문인지 어떤지는 별개이다.

사람이 말로 뭔가를 표현하려고 할 때, 마음속에 아직 말로 되어 있지 않은 몽롱하게 떠오르고 있는 생각이 자신의 감성에 가장 적절한 말을 선택하는 것이다.

그 몽롱한 말 이전의 의사, 그것을 고대 일본인은 '말의 영혼' 또는 '말에 담겨 있다는 이상한 영력'이라 했다.

이 영력靈力이 자기 마음의 리듬에 가장 어울리는 말의 어감과 리

요시카와 에이지: 일본의 소설가. 『나루토 비첩鳴門秘帖』으로 유명한 대중의 유행작가. 역사소설에 뛰어난 재질을 발휘하며 많은 독자를 확보하였다. 죽은 후에 요시카와 에이지 상 및 요시카와 에이지 문학 상이 제정되었다.

아쿠타가와 류노스케: 일본의 소설가. 합리주의와 예술지상주의를 바탕으로 쓴 작품이 많다. 대표작으로는 『나생문羅生門』이 있다. 매년 2회(1월·7월) 그를 기념하여 수여하는 아쿠타가와 상이 있다.

키쿠지 칸: 장편 통속소설로 신현실주의문학의 새 방향을 연 일본의 극작가·소설가. 주요 작품으로는『무명작가의 일기』, 『다다나오경 행장기』등이 있다. 권위 있는 문학상인 '아쿠타가와 상芥川賞', '나오키 상直木賞' 등을 설정하였다.

미야자와 겐지: 1896~1933. 일본의 문인이자 교육자. 서정적인 작품을 많이 남겼다. 대표작으로는 『은하철도의 밤』이 있다.

야마모토 슈고로: 1903~67 소설가. 대표작으로는 『애처 무사도』가 있다.

이케나미 쇼타로: 1923~90 소설가. 대표작으로는 『감옥 안』이 있다.

듬과 음감을 택하는 것이다.

요컨대 최종적으로는 자신의 내면에서 솟아오르는 생각을 소중히 해야 한다.

자신은 무엇을 말하고 싶은가, 그 생각은 어떤 뉘앙스의 말을 택하면 가장 적절하게 표현할 수 있는가, 두뇌를 활성화하기 위해서는 마음의 생각을 수많은 표현 중에서 어떤 말에 의존할 것인가를 결정하는 것도 중요한 것이다.

당신은 외출할 때 항상 같은 옷을 입습니까? 당신의 기분에 따라 방문지 또는 목적지를 염두에 두고 그에 맞는 옷을 꺼내서 마음에 들 때까지 갈아 입습니까?

마찬가지로 말을 할 때도 자신의 어휘 속에서 이런저런 말을 시작하여 음미하기 바란다. 말은 당신의 의상이다. 그러므로 당신의 기분, 당신의 생각에 제일 알맞는 말을 고를 필요가 있다.

프랑스에 '샤를 드골'이라는 대통령이 있다. 그는 제2차 세계 대전 때 북아프리카 전선에서 '자유 프랑스군'을 지휘한 장군이다.

그는 정치가가 되고 나서는 항상 감색 더블 버튼을 입었다. 사람들은 "드골은 전직 군인이었기 때문에 한결같이 감색 더블만 입어 검소하다."고 칭찬했다.

그가 죽고 난후 똑같은 감색 더블 버튼을 120벌이나 가지고 있었다는 것이 확인됐다.

자신을 감색 더블 버튼만으로 표현한다. 거기에 드골의 자기주장이 일관되어 있었다고 하겠다.

그런데 감색 더블 버튼에 도달할 때까지 그는 갖가지 의복을 입어봤을 것임에 틀림없다. '무엇을 입고 싶은가, 무엇을 말하고 싶은가'는 마음속의 생각과 같다.

두뇌가 활성화하면 말도 의복도 딱 맞는 것을 고르게 된다.

▉ '읽는다'는 작업을 재고하라

제1장에서 말한 것처럼 인간이 외부에서 정보를 받아들이기 위한 다섯 가지 준비인 미각, 후각, 촉각, 시각, 청각 요컨대 오감의 기능을 갖추어 두뇌 활성화에 도움이 되게 하는 재고再考였다.

오감이 신선하게 작용하게 되면 외부에서 자극을 활발히 감지하여 그만큼 대뇌의 의식도 선명해진다. 대뇌가 활발하고 건강한 상황이 갖추어져야 두뇌 그 자체의 활성화와 강화가 가능하다.

두뇌 활성화의 첫 걸음은 우선 '읽는다'이다.

읽는다는 행동은 묵독墨讀이어서는 안 된다. 소리 내서 읽는 것이 '읽는다'의 원래의 의미이다. 영어의 read도 원래는 소리를 내서 타인에게 조언하는 것이다. read out(리드아웃)이라고 하면 음독音讀하는 것이다.

히브리어의 카라(읽는다)도 사람에게 호소하는 것이 제일의 의미다. 한자어로 '독회讀會'라고 하면 옛날에는 의회에서 심의하는 것이었다.

읽는다는 것은 타인이 문장을 이해할 수 있도록 하고 글 뜻을 계속해서 잘 낭독하는 것이다. '독讀'과 '속續'의 글자가 비슷한 것도 그 때문이다.

읽기 쉬운 문장은 마침표나 쉼표가 없어도 술술 막힘없이 낭독할 수 있고 순조롭게 머리에 들어온다. 그러나 읽기 어려운 문장은 비록 한문을 쓰지 않았어도 어디서 숨을 돌려야 할지 모르기 때문에 난해하다.

한 예를 들어보자.

나쁜 예: '읽기어려운문장은 비록 한문을사용하지않았어도 어디서숨을돌리면될지 모르기 때문에 난해하다'

좋은 예: '읽기 어려운 문장은 비록 한문을 사용하지 않았어도 어디서 숨을 돌리면 좋을지 모르기 때문에 난해하다'

따라서 지나치게 짧게 끊어도 알기 어렵다. 하물며 처음부터 난해한 문장은 어디서 숨을 돌려도 알기 어려운 것이다.

한 스터디 모임에서 맥스 웨버의 『직업으로서의 정치』 번역판을 읽은 적이 있다. 그때 출석자가 다음 문장의 의미를 잘 모르겠다고 했다.

나쁜 예: '좋은'목적을 달성하려면 우선 대개는 도덕적으로 좋지 않은 수단 적어도 위험한수단을 사용하지 않으면 안 되고 나쁜 부작

용의 가능성이나 개연성까지 각오하고 달려들어야 한다는 사실을 회피할 수는 없다.(와키 케이헤이 역, 이와나미 문고 90~91페이지)

이 문장은 원문을 충실히 번역한 것일 것이다. 정확한 문장이긴 하다. 그러나 음독하기 어렵다. 만약 알기 쉬운 번역이라면 술술 음독할 수 있었을 것이다. 또 간단히 머릿속으로 들어왔을 것이다.

다음 문장은 내가 번역한 것이다.

'좋은 목적 달성을 위해서는 우선 도덕적으로 좋지 않은 수단이나 위험한 수단을 사용할 수밖에 없다. 또한 나쁜 수단이나 부작용의 가능성·개연성도 각오하고 달려들어야 한다. 이것은 회피할 수 없는 사실이다'

소리 내서 읽어보고 순조롭게 숨을 계속할 수 없을 때는 당신이 문장을 이해하지 못 하거나 아니면 문장이 어렵기 때문이다. 음독을 해보면 자신이 이해한 부분과 이해하지 못 한 부분이 분명하다.

음독할 때 주의해야 할 것은?

여기서 중요한 작업이 있다.

첫째, 순조롭게 읽힌 부분에 대해서는 그 앞까지 읽지 말고 잠깐 멈추어 보는 것이다. 순조롭게 읽힌 부분에서는 무엇을 이해할 수 있었는가, 무엇을 알았는가를 점검해 보기 바란다.

무엇을 이해할 수 있었는지, 자신의 말로 설명해 보는 것이다.

그러면 한층 더 이해가 깊어질 것이다.

둘째, 순조롭게 읽을 수 없었던 부분에 대해서 왜 순조롭게 읽을 수 없었는지 그 이유를 찾아볼 필요가 있다.

무엇을 모르는지, 왜 모르는지. 그것을 애매한 채로 두면 언제까지나 전체를 이해하지 못 한다.

유대인 사회에서는 아이가 성서를 암송할 만큼 음독시킨다. 1979년에 나는 그것이 그들의 지적수준을 높여준 원인이라고 지적했다. 그러나 그 당시 일본의 평론가들로부터 다음과 같은 비판을 받았다.

"그럴 리 없다. 성서를 암송하는 일 정도가 문화수준에 영향을 미치는 일은 생각할 수 없다."

그런데 오늘날 소리 내서 낭독하는 것이 두뇌 활성화에 좋다고 말하기 시작했다.

물론 음독이나 암기만이 유대인의 지적 수준의 높이를 가능하게 한 것은 아니다. 오히려 성서의 해석을 둘러싸고 학생들이 서로 의견을 내고, 논의하고, 토론하는 습관이 그들의 창조성을 높이는 큰 요인이라 말하고 싶다.

어찌 되었거나 그 첫 걸음은 음독하고 내용을 이해하는 것부터 시작된다는 점이다.

두뇌 활성화에 유용한
'온몸학습법'

죽은 글자를 읽듯이 책을 읽지 말라. 그것은 눈까지는 침투하지 않는다.

(오나 로젠페르트)

유대인은 온몸으로 성서를 음독한다

앞에서 말한 바와 같이 유대인들은 아이에게 암송할 만큼 성서를 음독시킨다. 그것도 독특한 방법을 쓰고 있다.

단순히 눈으로 읽고 입으로 낭독하는 것만으로는 안 된다.

6세가 되면 헤데르라는 유치원에 다니기 시작하는데 우선 글자를 손가락으로 짚으면서 낭독하라고 가르친다. 요컨대 눈으로 글자를 쫓고 손가락으로 짚고 입으로 낭독하여 귀로 자신의 목소리를 듣는 것이다.

인간에게 있어서 제일 기억하기 쉬운 것은 자신의 목소리다. 다음에 기억하기 쉬운 것은 태내에 있을 때부터 들려온 어머니의 목소리다. 어머니가 유아에게 말해주는 동화나 잠자리에서 하는 이야기는 인간의 지성 발육에 큰 영향을 미친다.

유대인은 눈, 입, 귀만으로 읽지 않는다. 여기에 더하여 신체를 전후로 잔잔하게 흔들면서 읽는다. 전신을 사용하여 읽는 것이다. 한국에서는 옛날 서당에서 공부하는 학생들이 이런 방법을 사용하기도 했다.

전신을 사용하면서 읽기 때문에 그들의 기억 용량은 자리 수가 크다.

개중에는 성서는 말할 것도 없고 6부 63권 525장 4187절과 5000 페이지나 되는 탈무드 전권을 암기하는 사람도 있다. 예루살렘의 히브리대학에서도 뉴욕의 유대신학교에서도 몇 번 그런 사람을 목격했다.

성서나 탈무드 속의 1절을 교실에 있는 교수도 학생도 생각해 내지 못 하면 으레 누군가 이름을 대며 나선다.

"잠시만요, 지금 생각해 낼 수 있습니다."

우선 해당하는 단어의 전후 문장의 일부를 생각해 내고 거기부터 기억에 의존하여 작은 목소리로 암송하기 시작한다. 이윽고 문제의 단어가 이어져 한 구절에 도달한다. 그리고 확실히 해두기 위해 그 전후를 두세 번 암송하고 나서 문장을 통째로 암송해 보여 주었다.

그리고 이렇게 말했다.

"그것은 ○○○라는 문언입니다."

이해도 못 하면서 기계적으로 외우거나 통째로 암기하는 것은 기억에 거의 도움이 되지 않는다. 온몸을 사용하여 기억하는 것이다.

그 좋은 예가 가라오케다. 가라오케의 가사만을 통째 암기하여 기억하려면 몹시 고생할 것이다. 하지만 눈, 입, 귀 거기에 신체로 리듬을 타고 노래하기 때문에 쉽게 기억되는 것이다.

눈으로 글자를 쫓고 손가락으로 짚고 입으로 낭독하여 리듬을 타고 귀로 자신의 목소리를 듣는다. 이보다 더 좋은 전신학습법은 없다. 평소부터 이런 읽는 법으로 교과서를 접하면 시험 직전이 되어서도 당황하는 일은 적어질 것이다.

부디 시도해 보기 바란다.

♯ '러브레터' 읽기에서 배우는 것

'읽는다'는 작업은 묵독, 낭독이라는 외적 작업만으로는 끝나지 않는다. 대상으로 하는 문장 그 자체를 어떻게 이해하고 읽을 것인가 하는 내적인 읽는 법도 중요하다.

1940년대부터 1960년대에 걸쳐 미국의 교육계나 사상계에 큰 영향을 끼친 유대인 철학자 모르티마 아들러는 그의 명저 『How to Read a Book』에서 다음과 같이 기술하고 있다.

"남녀나 직업을 불문하고 누구나 한 번쯤은 평소와는 다른 좋은 읽기를 경험한다. 즉, 사랑하고 있을 때의 러브레터 읽기이다.

연인들은 예외 없이 가치 있는 읽기를 한다.

그들은 한 단어, 한 단어를 세 번의 방법으로 읽는다.

첫째, 그들은 행과 행 사이를 읽고 여백까지도 읽는다.

둘째, 그들은 전체를 부분으로 비추면서 읽고 부분을 전체에 비추면서 읽는다.

셋째, 그들은 문맥과 애매한 부분에 집중하여 완곡한 표현이나 에두른 표현에도 민감하다.

그들은 어구의 짜임새, 표현의 냄새, 문장의 무게까지도 느끼며 이해한다. 쉼표와 마침표에도 마음을 쏟는다. 그리고 사랑하기 전이나 후에도 경험하지 않는 진정한 읽기를 하는 것이다."

어떠한가? 연문을 읽을 때 섬세한 감정과 주의력에 대한 아들러의 착안은 과연 훌륭하지 않은가.

🪑 책을 읽을 때도 그렇게

러브레터를 읽을 때 사람은 편지 주인의 인격이나 표정을 떠올리면서 문장에 싫은 감정, 사상, 생각 그리고 편지 주인의 심장의 고동까지도 탐지하려고 한다.

그와 마찬가지로 다른 책이나 문장을 읽을 때도 저자의 숨결이나 체온을 상상하며 읽어보는 것이다. 그러면 지금까지 깨닫지 못했던 행간이 보인다.

저자의 숨결이나 체온을 상상하면서 읽으면 앞의 행 마지막과 새 행과의 사이에 지금까지 간과하고 있던 것이 보이기도 한다.

행간과 행간 사이에 더욱 큰 행간이 보여서 저자의 큰 침묵이나 깊은 한숨이 들려오는 경우도 있다.

때로는 성급할 정도로 거친 호흡으로 저자가 접듯이 말해 오는 것을 느낄 수도 있다.

이런 읽는 법을 익히려면 속독해서는 안 된다.

천천히 한 행씩 몇 번이고 음독을 반복하고 행마다 음독을 멈추고 문장의 여운을 음미한다. 문장의 여운을 느껴 이해하는 감성이 싹틀 때까지 몇 번이고 멈추어서 행간의 속삭임, 행간의 바람을 느껴 보기 바란다.

그런 감각이 싹트고 익혀지면 다음 단계로 나아가기 바란다.

🪑 소리 내서 읽어 이해력을 높인다

읽는다는 것은 소리 내서 읽는 것이 기본이다.

묵독으로는 저자나 작가의 소리가 안 들리지 않은가.

읽는다는 것은 자신이나 타인에게 뜻을 이해할 수 있게 그 문장이 호소하고 싶은 표정이나 감정을 담아 낭독하는 것. 이것이 기본이다.

그러나 타인이 이해할 수 있도록 알기 쉽게 읽는다는 것은 그다지 간단한 것은 아니다.

타인을 이해시키려면 우선 자신이 그 문장과 책 내용을 정확히 이해하고 있어야 한다. 자신이 이해하는지 어떤지 확인하려면 이것 역시 낭독해 보는 것이 제일 효과적이다. 그런 다음 어떤 말투로 어떻게 억양을 붙여 어떻게 숨을 쉬면서 이어나갈 것인가도 고려할 필요가 있다.

경우에 따라서는 한 구절 한 구절 끊고, 한 단어 한 단어 사이에 사이를 두고 어떤 감정을 담아 읽을 것인가를 차분히 생각해 보는 것도 좋은 방법이다.

그리고 한두 번 자기 자신을 향해 낭독해 본다.

타인에게 이야기할 때도 자신이 이야기하고 싶은 것을 스스로 충분히 알지 못한 채 혹은 충분히 정리하지 않은 채 이야기하면 좀처럼 상대가 이해하지 못 한다.

이야기를 하든 읽든 어디까지 자신이 알고 있는지 알아야 하며 이것이 항상 큰 과제인 것이다.

궁리나 생각을 써본다

두뇌가 활성화되어 있으면 스스로 생각하는 것을 자신이 얼마나 아는가도 파악할 수 있다.

반대로 자신의 두뇌를 활성화하여 그것을 스스로 알기 위해서는 어떻게 하면 되겠는가.

우선 자신의 생각을 글로 써보는 것부터 시작한다.

첫째로 자신이 마음속에서 생각하고 있는 것과 자신이 이지적으로 생각하고 있는 것과의 사이에는 큰 오차가 있기 때문이다.

둘째로 자신이 생각하고 있는 것이라도 그 생각이 정리되고 게다가 그 생각에 알맞은 감성을 갖는 말을 발견할 때까지는 아직 진정한 자신의 생각이 아니기 때문이다. 정리되어 있지 않으면 자신의 생각도 타인의 생각도 큰 차이는 없다.

사람은 자신의 감정과 사고가 꼭 맞는 말을 찾아야 비로소 자신감을 가지고 발언할 수 있는 것이다. 그렇기 위해서는 자신의 생각을 문장으로 써 본다. 그 문장을 제3자의 문장이라 생각하고 비판해 본다.

될 수 있으면 가족이나 친한 친구에게 읽힌 후 그들의 비평이나 비판에도 귀를 기울인다.

만약 '이것으로 충분해'라는 칭찬을 들었다면 어디가 충분한지 왜 충분한가를 상대에게 물어보기 바란다.

그렇게 함으로써 자신의 생각을 객관적으로 다시 바라볼 기회를 얻게 된다.

자신과 어중간하게 타협하지 말고 스스로 납득할 때까지 철저하게 말을 음미하여 골라내서 스스로 납득할 수 있는 표현의 문장으로 조립해 보는 것이다.

자신의 생각(감정)과 자신의 생각(사고) 양쪽이 합의할 수 있는 말을 발견했을 때 당신은 마치 잃어버린 보물을 찾은 듯이 기쁠 것이다.

자기와 타협하지 않고 자신의 사고나 감정을 쓴다.

그러기 위해서는 일기나 주간 기록을 통해서 쓰거나 정리된 시간을 만들어 철저하게 자신과 대화하는 것을 습관화해야 한다.

그 기록이 다만 누구와 만났다거나 무엇이 일어났다는 메모라면 그것은 한 걸음에 지나지 않는다. 중요한 것은 당신의 내면이다.

사건이나 일어난 일들을 통해서 자신이 무엇을 생각했는가를 문장으로 엮는다. 무엇을 느꼈는가를 충실히 예리하게 재현한다. 마음의 움직임을 자신이 관찰하여 기록한다.

본다는 작업은 대뇌의 주의력 절반 이상을 요한다. 그러나 눈은 바깥은 보아도 자기 자신은 보이지 않는다. 자기 자신을 관찰할 때 당신의 이성은 가장 각성하고 두뇌도 최고로 활성화되어 있는 것이다.

영국의 수상을 역임한 디즈데일리도 이렇게 말했다.

"눈은 모든 것을 보지만 눈 그 자체는 보이지 않는다."

'생각하면서 읽는다'의 의미

> 배운다(미슈나)고 하는 것은 반복해서 낭독하고,
> 반복해서 베껴 쓰고, 반복해서 생각하는 것이다.
>
> (유대의 속담)

다독보다 '반복 읽기'가 효과적이다

생각한다는 것과 배운다는 것은 다르다.

배운다는 것은 지식을 얻는 것이다.

지식을 얻으려면 정보를 받아 들여 기억하면 되고 기억력을 높이려면 어느 정도 사고의 훈련이 필요하다. 따라서 기본적으로는 몇 번이고 같은 정보를 접하는 사이에 자연히 기억되는 것이다.

단 한 번밖에 접하지 않았던 정보는 웬만해선 기억에 남지 않는다. 탁월한 기억력을 지닌 사람이 아니라면 그것을 기억하지 못 한다. 그런 이유로 다독은 반드시 지식의 축적과는 연결되지 않는다고 생각한다.

나는 매일 새 책 한 권씩은 읽는다는 사람을 만난다. 물론 책을 읽는 것은 읽지 않는 것보다 나을지 모른다.

그러나 지식을 넓히려면 우선 백과사전을 모두 독파하면 된다. 내용을 이해하고 못 하고는 별개로 하고 전권을 독파해 두면 헛되지는 않는다. 어떤 계기에 읽은 기억의 흔적이 되살아나서 '아하! 그러고 보니 그런 글이 쓰여 있었어.'하고 생각해낼 수 있을 것이다.

그리고 다시 한 번 백과사전에서 확인하면 된다.

또는 하나의 테마에 관해 여러 책을 읽는 것이다. 그렇게 하면 테마를 이루는 전체상이 보이게 된다. 더구나 젊은 사람에 의해서 세부 사항을 들어 설명하는 법이나 설명이 달라져 있는 점도 깨닫게 된다. 다르게 기술한 부분을 보면서 진실은 무엇인가? 하는 의문이 싹튼다. 그것이 지식욕을 이끌어내고 당신 스스로 대답을 추구하는 계기가 될 것이다.

경우에 따라서 한 사항에 대해 여러 저자가 전적으로 같은 기술 또는 거의 유사한 기술을 하고 있다는 것도 깨닫게 될 것이고 어디선가 복사된 느낌도 들 것이다. 이런 종류의 책은 독창성이 없기 때문에 별로 권장할 수 없다.

이미 반복해 말하는 것이지만 생각하는 힘을 높이려면 항상 문제의식을 가지고 접해야 하며 두뇌가 활성화되고 있는지가 더 중요하다.

항상 문제의식을 가지고 접한다는 것은,

첫째, 눈앞의 사상(사건, 현상, 정보, 광경)에 대해서 무엇이 자신에게 중요한가 하는 의식을 갖는 것이다.

둘째, 그 사상에 대해 이해하는 것과 충분히 이해하지 못 하는 것이 뭔가를 구별하는 것이다.

셋째, 이해하지 못 하는 사항을 해명하고 스스로 노력해서 올바른 견해에 달하도록 하는 것이다.

한 예를 소개하자. 경영자들과 함께 하는 스터디 모임에서 미야모토 무사시의『고린노 쇼』를 읽은 적이있다. 이와나미 문고에서 출간한 120페이지 정도의 얇은 책이다.

처음 읽었을 때는 '뭐가 이렇게 간단해'라는 느낌이었다. 그때는 세 번이면 다 읽을 수 있을 거라고 생각했었다.

그런데 그 책은 실로 뼈와 살이 있는 내용이어서 매번 한 단씩 읽는 것이 고작이었다. 다 읽을 때까지 1년 동안 열두 번에 나누어 읽어야만 했다.

『고린노 쇼』는 모두 미야모토 무사시의 체험과 실전에 의거한 그의 인생의 정수로 엮어져 있다. 다른 병법서와 달리 다른 사람의 이야기를 빌려 옮기거나 발췌하여 넣은 것도 없이 매우 유익한 책이 었다.

한 번 읽는다는 것과 생각하면서 읽는다는 것은 다른 차원이다. 생각하면서 읽는 것은 어떤 문제의식을 가지고 읽는 것이다.

문제는 '어떻게 읽을 것인가'라는 것이다.

이것이 실은 '생각하는 힘'을 익힐 때 큰 포인트가 된다.

사고력을 단련하는 읽기란?

그 스터디 모임에서 다룬 『고린노 쇼』 안의 '장소에 따라서'라는 소제목 한 토막을 어떻게 읽었는지 소개하자.

장소의 어둠을 분간하라. 어떤 장소에 있을 때, 해를 업는 것은 해를 뒤에 놓는 자세를 말한다. 해를 뒤에 두고 서서 내 몸의 오른쪽으로 햇살이 새도록 할 것. 방안에서도 등불을 뒤로, 불빛을 오른쪽으로 새게 하는 것은 앞에서와 같다. 그런 뒤 내 몸의 왼쪽을 쓸데없는 공간처럼 느슨하게 비워 두고 오른쪽의 자리를 비좁게 만들어 자세를 취한다. 밤에도 적이 보이는 곳에서는 불을 뒤로 돌리고 몸을 오른쪽에 둘 것. 앞에 말한 것과 같다고 이해하고 자세를 취해야 한다. 또 적을 내려다 볼 수 있도록 가능하면 높은 곳에 자세를 취하도록 유의하고 방에서는 윗자리를 높은 곳이라 생각해야하느니.

싸움이 벌어져 적을 따라다닐 때에는 내 왼쪽으로 돌리는 마음, 난소(험하고 가파른 곳)를 적 뒤로 하고 무조건 난소로 뒤쫓아 가는 것이 중요하다. 난소에서 적에게 자리를 보이지 않고, 적에게 얼굴을 보이지 않고, 방심하지 않고 바싹다가가는 마음이라. 방에서는 문지방, 상인방, 문과 미닫이, 툇마루 등 또 기둥 쪽으로 몰아넣는 것도 장소를 보이지 않는 것과 같다. 모두 적을 쫓는 쪽, 발 디딜 곳이 나쁜 쪽, 또는 옆구리에 자세 취할 자리가 있는 곳 모두 자리의 덕을 이용하여 오로지 자리를 차지하려는 마음으로 잘 음미하여 단련해야 하느니.

(이와나미 문고 『고린노쇼』 79~81P)

이와나미 문고는 옛날 서체이기 때문에 여기서는 전체를 현대 서체로 하고 있다. 독자 여러분은 이 한 문장을 읽고 무엇을 생각할 수 있겠는가.

나는 참가자 여러분에게 사전에 다음과 같은 과제를 제시해 두었다.

- 위의 문장 중, 당신이 중요하다고 생각하는 문장을 우선 모두 따라 쓰시오. 그때 요컨대 무사시는 '이런 것을 말하고 있구나' 하고 요약하지 말고 전부 충실히 따라 쓰시오.
- 그런 다음에 쓰기 시작한 단어를 새삼 다시 읽고 똑같은 표현이지만 미묘하게 다른 단어에 눈을 멈추고 그 표현의 차이 배후에 무사시의 어떤 생각이 있을까를 생각해 보시오.
- 그것들의 차이에서 당신이 배워야 할 점, 당신이 실생활에서 응

용해야 할 점은 무엇인지를 잘 생각해 보시오. 그리고 구체적인 응용 샘플, 응용 계획도 생각해 보시오.

- 마지막으로 당신이 생각한 것을 간결하게 포인트로 파악하고 문장으로 꾸며 주시오.

여기에 든 4항목의 작업은 실은 사고를 단련하기 위한 수순이기도 하다.

미국의 대학에서는 수업에 앞서 대량의 논문이나 문헌을 읽고 나가지 않으면 강의나 세미나에 따라갈 수 없다. 필요할 때 써먹기 위해서는 속독도 터득해 둘 필요가 있다.

그러나 속독만으로는 아무 소용 없다. 읽은 내용을 이해하고, 비판하고, 자기 독자적인 의견으로 정리하고 나서 교실로 출석해야 한다. 그리고 교실에서는 기탄없는 토론을 한다.

대학에서 그런 토론을 할 수 있도록 미국의 초등학교에서는 4학년 무렵부터 산더미 같은 숙제를 내고 학생에게 리포트를 쓰게 한다. '쓴다'는 작업 중에서 초등학생 나름으로 스스로 생각한 결론을 내도록 하는 것이다.

일본 학교처럼 복사물만 그저 정리한 것은 미국에서는 리포트라고 말하지 않는다.

♟ 『고린노 쇼』에서 배울 점

그런데 미야모토 무사시의 한 문장에서 나는 무엇을 배우고 무엇을 생각했는가.

'장소에 따라서'란 문장에서 배울 첫째 포인트는 장소에 따라 '해를 짊어지는 것'이 중요하다는 것. 야간이라면 불빛을 등에 두고 싸우라는 것이다.

빛을 등에 두면 자신은 순광 속에서 적을 확실히 포착할 수 있다. 적의 얼굴에 나타나는 표정도 읽을 수 있다. 적은 역광이기 때문에 싸우기 곤란하다. 밤이라면 이쪽의 표정도 보이지 않는다.

이것을 비즈니스로 바꿔 놓으면 시대의 흐름을 옆에서 방관하는 것도 안 되고 하물며 시대에 역행하여 태양을 향해 가는 것 또한 안 된다는 것이다. 시대의 흐름을 배후에 느끼면서 장래의 방향을 응시해야 한다.

게다가 무사시는 '오른쪽으로 해가 오도록 해야 한다'고 주문을 붙이고 있다. 무사시는 좌우 양쪽 칼을 사용하므로 좌우 어느 쪽에서 적이 달려들어도 상관없다.

무사시가 오른쪽에 태양이나 등불을 두라고 한 것은 적에게는 그곳이 왼쪽이기 때문이다.

오른손잡이는 왼쪽 눈으로 모든 것을 본다. 그 눈에 역광이 비쳐서는 내리치는 칼끝이 둔해진다. 게다가 야간이라면 적은 무사시의 표정을 읽을 수도 없다.

더구나 무사시는 '왼쪽을 넉넉하게 해두라'고 말한다. 오른손잡이는 순간적으로 내리칠 때 오른쪽에서 왼쪽으로 검을 친다. 무사시의 왼쪽이 비어 있으면 적은 자신의 오른쪽인 그곳을 치기 쉽다. 적을 오른쪽 치기로 유도하고 무사시는 왼손으로 아래서 쳐올리고 오른손으로 위에서 내리친다. 실로 훌륭한 전법이다.

　스포츠에서도 비즈니스에서도 싸울 때 적의 약점을 알라고 흔히 말한다. 그러나 무사시는 적의 약점을 공격하기 전에 적을 약점으로 몰아넣었던 것이다.

　그가 '조금이라도 높은 곳에 자세를 취하라'고 말하는 것도 자신이 유리하게 서기 위해서다. '방에서는 상석'에 서라. 요컨대 상석에서는 출구가 보인다. 전통적인 무사의 집이라면 상석에서는 정원도 한 눈에 바라 볼 수 있다. 그러나 말석이라면 상석밖에 보이지 않고 전체를 파악할 수 없다.

　때문에 '적에게 자리를 보여주지 않고' 상황파악을 못하게 하는 것이야말로 승리 요소의 하나인 것이다. 무사시는 '자리의 덕을 이용하여 자리의 승리를 얻는'것에 마음을 전념하라고 말하고 있다. 그러므로 공간마저도 내 편으로 하고 활용하는 것이다.

　이것을 마케팅으로 말하면 출점 계획 때 자사에 유리한 장소를 선택하라는 것이다. 실제로 편의점 경쟁구도에서 경합에 앞서 유리한 장소 확보를 생각한다.

　그러나 '자리의 덕을 이용'하라는 무사시의 사고방식을 참고로 좀 더 파고들어 생각하면 만에 하나 상대보다 약간 불리한 경우라도 경합의 주위를 자사계열의 편의점으로 둘러싸고 상대를 되말려들게 한다는 발상이 가능하게 된다.

싸움이라는 것은 처음부터 유리한 위치를 얻어서 이기는 것이 아니다. 상대를 불리한 상황에 몰아넣으면서 승기를 잡는 것이다. 그것이 '자리를 이용해 이긴다'는 의미가 아닐까 한다.

생각하면서 읽는다는 것은 이와 같이 내가 중요하다고 생각하는 단어를 써서 행간에서 저자가 무엇을 말하려 하는가를 탐지하는 것이다. 아울러 자신에게 적용해 보면서 다시 생각을 새김질해 볼 수 있는지 파악해야 한다. 어떤 점이 저자의 의견을 응용할 수 있는지 그런 응용문제를 자신이 만들어 보고 자신이 그 대답을 찾는것, 이것이 '생각한다'는 것이다.

CHAPTER 3

모사력을 익혀라

따라하고 흉내를 내면
자연히 독창성이 자란다

마음속의 다양한 생각을 문장으로 정리하는 것은 용이하지 않으나 정리하는 능력을 이끌어내려면 실은 다른 길이 있다

베끼기로 두뇌를 활성화시킨다

> 예술가는 진정한 사랑을 가지고 세상의 내부 깊숙이 다가가서
> 인간과 민족의 운명을 느껴 이해해야 한다. 예술을 위한 예술 따윈 없다.
> 예술가는 인생의 모든 영역에 관심을 가져야 한다.
>
> (마르크 샤갈)

명문을 베끼면 머리도 맑아진다

두뇌를 활성화하고 생각하는 힘을 높이기 위해 읽고 쓰는 능력 강화는 중요하다.

그렇지만 단순히 읽고 흘려보내는 것이 아니라 정확히 이해하였는가를 확인하면서 읽어야 하는데 이것은 결코 용이하지 않다.

하물며 자신의 생각을 쓴다면 그 생각이 정해지지 않으면 이것을 어떻게 엮으면 좋을지 자신도 꼼짝달싹 못 한다.

그런 경우 이른바 보조적인 수단으로 우선은 명문을 베끼는 것이 유익하다.

쓴다는 것은 자신의 생각을 엮는 것뿐만 아니라 타인의 명문을 베끼는 것에서도 배울 점이 많은 것이다. 예를 들면 요시카와 에이지, 아쿠타가와 류노스케, 키쿠치 칸, 미야자와 겐지 등의 명작을 통째로 베끼는 것도 문장 감각을 키우기 위해서는 유효하다.

명문에서는 말의 울림이나 운율, 기세를 배울 수 있다.

명작에서는 작품 전체에 내재하는 저자의 사고나 흐름, 감정의 솟구침, 테마를 꺼내는 법에서 결말에 이르기까지 사상의 구성 그리고 정리법을 배울 수 있다.

나는 초등학생 시절에 코단샤에서 2차 대전 전에 간행한 『수양전집』이라는 막대한 전집을 애독하여 거기서 일본어 문장 쓰는 법을 꽤 많이 익혔다. 『수양전집』이라는 표제는 위압감을 주지만 태반은 짧은 단편 물로 일화나 미담집 같은 것이다. 한자에는 모두 토가 달려 있었다. 덕택에 이야기 내용은 몰라도 읽을 수 있었다.

청년 시절이 되어 두 번 정도 문어체로 번역한 성서의 일부를 베껴 썼다. 문어체로 번역한 성서는 1950년까지 사용되던 성서로 2차 세계 전쟁 전의 격조 높은 일본어로 엮어져 있었다. 최초에는 성서 안의 '사도행전'을, 다음은 '요한복음서'를 매일 1장씩 붓으로 베껴 썼다. 이것 역시 일본어의 리듬과 음운에 대한 나의 감각을 한층 더 예민하게 해주었다.

명문 베끼기는 어휘를 펼치는데도 도움 될 뿐만 아니라 일본어의 경우 한자와 가타카나(일본어)와의 미묘한 조합이나 어세 등을 익히는 데도 도움이 된다.

명문은 일본어 운율이 빼어날 뿐만 아니라 가타카나와 한자의 나누어 쓰기나 서로 잇는 묘미 그리고 가타카나와 한자가 구성하는 음운에서도 우수하다.

베껴 쓰기를 통해서 글자를 몸으로 익힐 수가 있다.

또 베껴 쓰는 작업을 통해서 문화의 일단을 익히게 된다.

경건한 유대교도는 일생에 한 번은 성서의 가장 중요한 부분, 이른바 모세 5서라고도 하는 '토라' 전권을 양피지에 사경한다. 사경을 통해서 그들은 자신들의 역사와 종교를 재확인 한다. 더구나 사경을 하면서 각자 개성 있는 글자체도 확립해 나가는 것이다.

알고 나서 베끼기보다 모르기 때문에 베껴라

시험공부를 할 때 될 수 있으면 교과서나 과제 도서를 두세 번 베껴 보면 가치가 있다. 베껴 보면 저자가 무엇을 생각하고 있는가가 전해 오기 때문이다.

좋은 예가 막부 말기에 후쿠자와 유키치 등이 네덜란드어를 배운 오사카의 '테키테키 사이주크(適適齋塾: 테키주크라, 네델란드 어학원)'에서의 공부 방법이다. 당시는 지금과 같은 어학 참고서 같은 것은 없었다.

후쿠자와 유키치의 전기 『후쿠오 지덴(福翁自傳: 후쿠자와 유키치의 구어체로 된 자서전)』에 의하면 코안의 학원생들은 우선 도쿄에서 복각 출판되던 네덜란드어의 문법서 『가란마치카』와 문장론 『세인타키스』를 떠듬떠듬 읽거나 간단한 문장 뜻풀이를 배운다. 물론 그것만으로 네덜란드어를 할 수 있게 되는 것은 아니다.

두 권의 소독(素讀)과 문장 뜻풀이가 대충 끝나면 학원생 10명 내지 15명이 모여서 '회독(會讀)'이라는 것을 한다. 각자 첫 문장의 번역을 발표하면 실력을 비평하고 서로 채점을 하면 합격인지 알 수 있다.

회독의 준비 때 자신이 모르는 점이 있어도 다른 사람에게 질문해서는 안 된다. 자신의 힘(실력)으로 독해해야 한다.

두 권의 책을 회독할 수 있게 되면 그 다음은 코안의 학원에 있던 네덜란드어의 의학서와 물리책 10권을 제비뽑기로 필사한다. 전원이 필사가 끝나면 그것을 다시 회독한다. 숙달하게 되면 한 사람이 원서를 음독하고 다른 한 사람이 재빨리 기록한다. 철자 하나 틀리는 일이 없었다고 한다.

참고할 만한 것은 학원에 비치된 3000입(6000페이지)이나 되는 큰 네덜란드, 프랑스어 사전 『주흐』나 6권의 『웨란드』라는 사전뿐이며 네덜란드어 일본어 사전도 프랑스어 일본어 사전밖에 없었다는 사실이다. 그러나 베끼는 작업을 통해서 그들은 네덜란드어의 단어가 의미하는 내용을 조금씩 이해하고 회독의 작업을 통해서 원서 내용을 이해할 수 있었던 것이다.

수험생 등에게 유효한 또 하나의 방법은 '필사'다.

그것은 과거의 시험문제 전체를 베껴 써 보는 것이다. 시험문제나 해설문 전부를 두세 번 베껴보면 인쇄된 시험문제를 눈으로만 묵독하는 것과 달리 출제자의 의도가 시험문제 전체에서 전해오는 것이다.

출제자의 의도를 알면 해답은 훨씬 쉬워진다. 그때도 자신이 일단 답안을 쓴 후 이번에는 다시 모범해답을 베껴 본다. 그렇게 함으로써 출제자가 요구하는 정확한 표현이나 정확한 용어 사용법도 익히게 된다.

"많이 읽으면 뜻이 절로 분명해진다讀書百遍意自."

라는 고사가 있다.

모르는 책도 100번 읽으면 자연히 의미가 분명해 진다는 것이다.

100번은 아니더라도 책이나 시험문제를 10번에서 20번 베껴 쓰면 저자나 출제자의 생각이 전해져 와 문제의 의도를 알게 된다.

🪑 사생寫生으로 전체의 대략적인 줄거리를 파악한다

마음속의 다양한 생각을 문장으로 정리하는 것은 용이하지 않으나 정리하는 능력을 이끌어내려면 실은 다른 길이 있다.

그것은 사생이다.

사생은 보이는 것을 그리는 것이므로 보이지 않는 것, 요컨대 마음속의 생각을 글자로 쓰는 것보다 간단하다.

그런데 종이의 공백 어디에 무엇을 놓을 것인가. 이것이 어렵다.

대상이 풍경이든, 인물이든, 정물이든 무엇을 호소하고 무엇을 그리려 하는지 정해질 때까지 사생이라 해도 손을 댈 방도가 없다.

사생을 잘하고 못하고는 전체 구도 잡기에 달려 있다.

구도 결정을 위한 간단한 방법은 종이 중앙에 도화지의 가로 세로가 같은 비율의 창을 열고 거기서 엿보고 가장 바람직한 배치를 찾는 것이다. 그 창에서 바라보고 스스로 납득할 수 있는 구도를 찾았으면 그 배치가 되도록 사생을 시작한다.

그런 다음 주제가 되는 대상의 개성을 어떻게 묘사하고 어떻게 테마를 떠올릴 수 있는가를 생각하고 전체의 채색이나 붓 놀리는 법을 궁리한다.

두뇌 활성화를 위해서는 무엇을 그릴 것인가, 목적 대상은 무엇인가 뿐만 아니라 그 테두리(대강 줄거리)를 어떻게 할 것인가가 선결 문제다. 바깥 테두리인 줄거리가 결정되면 테두리 안에 어떻게 배치하고 조립할 것인가는 의외로 순조롭게 진행된다.

'데생'의 권유

인간이란 모방하는 동물이다

(벤자민 디즈레일리)

간단한 것 같으면서도 간단하지 않은 데생

사생은 유치원생이나 초등학생도 할 수 있는 것이기에 누구나 간단히 실천 가능한 두뇌 활성법이라 사료될지 모르겠다. 하지만 데생은 그렇게 간단하지 않다.

데생이라는 것은 프랑스어로 '밑그림'을 말한다. 연필이나 목탄 또는 단색의 화재만을 사용하여 대상물을 그리는 소묘를 말한다. 일반적으로 대상물을 윤곽, 흑백의 농담, 음영, 선의 굵기, 가늘기 등 단순한 요소로 표현한다.

그만큼 그리는 사람의 예민한 눈과 솜씨가 일목요연하게 확인된다. 무엇을 어떻게 관찰하고 어떻게 받아들이고 어떻게 재현할 것인가. 데생은 화가가 지닌 기술의 교묘함, 치졸함을 낱낱이 드러낼 뿐만 아니라 그리는 사람이 무엇을 생각하고 있었는지 마음의 움직임이 그대로 흔적으로 남는다.

또 데생은 흑백과 농담만으로 대상을 표현하기 때문에 그리는 사람의 변명을 허용하지 않는다. 그것은 마음의 갈등의 기록이기도 하다.

그러므로 자신이 그리는 소묘를 직시하여 스스로 기술을 향상시켜야 하며 동시에 대상을 파악하는 마음의 움직임, 즉 감정도 단련할 수 있다.

데생 능력은 왜 중요한가?

데생은 미술가 지망생에게 가장 요구되는 기초 능력이다. 선과 명암으로 실물을 실물답게 표현한다. 거기에는 대상을 객관적으로 받아들이는 능력과 또 자신이 어떻게 받아들였는가 하는 주관적인 표현 능력이 문제가 된다.

객관성과 주관성, 이 상반하는 것을 동시에 표현할 수 있는가.

객관성만으로 받아들인 사람은 '마음'이 보이지 않는다.

반대로 주관이 너무 들어가면 대상을 정확히 스케치할 수 없다.

아무리 색채감각이 풍부해도 기초적인 소묘 능력이 되어 있지 않으면 우수한 회화를 그릴 수 없다.

추상화로 세계적 천재가 된 피카소가 청년시절에 그리던 작품 중에서도 흑백 데생은 진실에 다가가는 힘이 크다. 무서울 정도로 구체적이고 치밀하게 그린 데생력 위에 추상화를 그리는 천재적 재능을 꽃피운 것이다.

훌륭한 데생은 미켈란젤로, 레오나르도 다빈치, 렘브란트 등에도 공통된 점이 있다. 실로 정확히 대상을 파악하고 있을 뿐만 아니라 그 위에 강렬한 개성을 가진 데생이 되어 있다. 그들이 남긴 소묘 작품에는 그들의 강한 개성이랄까 그들 내면이 빚어낸 진실이 솟아오른다.

🪑 '잘 그리자', '자신이 없다'는 금물

데생을 하든 사생을 하든 마음의 생각을 문장으로 엮든 모두 처음부터 잘 그리고 명문을 쓰려고 생각해서는 안 된다.

하물며 '잘 그리지 못 하니까 사생은 싫다. 문장을 쓰는 것도 싫다.'라고 변명 하지 말아야 한다.

어찌 되었거나 누구나 처음부터 잘 그릴 수 있는 것은 아니다.

유대인이 좋아하는 속담에 '최초는 모두 어렵다.'라는 것이 있다.

어려운 것을 알고 우선 해본다. 거기서부터 그들은 각각의 독창성을 연마하기 시작하는 것이다.

어떤 분야에서 일인자라 일컬어지는 사람들의 이야기나 문장에는 각각 깊은 맛이 있으며, 회화나 조각도 사람들을 감동시키는 힘을 가지고 있다. 그것은 그들이 시간을 들여 깊이 관찰하고, 깊이 생각하고, 깊이 진실을 추구해 온 결과다.

두뇌를 활성화하고 생각하는 힘을 높이기 위해서는 여러 가지 방법으로 자신의 내면을 표현해야 한다. 여기서부터 시작해 보는 것이다. 시간만 충분히 들이면 누구나 숙달 될 수 있는 것이다.

생각하는 힘을 높이기 위해서는 초조해 해서는 안 된다.

인간의 두뇌는 논리학을 배웠다고 곧 논리적인 사고를 하게 되는 것이 아니다. 물론 논리적으로 생각하는 기술은 중요하다. 그것은 제5장에서 다시 설명하겠다.

논리학은 표면적인 테크닉이 아니다. 논리학이라는 학문의 기본적인 사고방식을 터득하고 그 사고방식에 친숙해지면 비로소 논리적인 사고도 할 수 있게 된다.

논리학을 익히기 전에 항상 다른 구도에서 생각하는 힘을 익히는 것, 항상 자신의 내면을 표현하는 방법을 모색하는 습관을 익히는 것이다. 데생도 그중 하나임에 틀림없다.

회화의 소묘를 오로지 데생이라고 부르는데 데생은 좀 더 넓은 의미도 있다.

예를 들면 피아니스트의 경우 데생이란 한 곡을 어떻게 칠까. 악보 이면에 숨겨진 작곡가의 마음을 찾아 그 곡의 곡상을 나름으로 해석하고 연습하는 것이다.

악보를 보고 단순히 음을 내는 것만으로는 손가락 연습에 불과하다. 악보 저편에서 들려오는 작곡가의 심금을 피아니스트는 마음으로 받아들여 자신이 느낀 대로 터치하고 악보의 저편 세계를 재현한다. 이른바 악보 저편으로부터 울려오는 음의 줄을 피아노 건반을 사용하여 '소묘'한다. 이 반복이 피아노 연주의 데생인 것이다.

유명한 피아니스트로 활약한 호로비츠는 "작곡한 시대의 사상이나 거리의 풍경, 성장과정을 알라. 그리고 연주 연습을 하라."고 강조한다.

회화의 데생이든 피아노의 데생이든 시각이나 청각 등 오감으로 받아들인 것을 감정으로 깊이 자신 속에 펼쳐 사생이나 연주라는 형태로 표현하고 자신이 납득할 수 있을 때까지 반복한다.

거기에는 감정과 표현의 시행착오와 반복이 있다.

물론 이성적으로 치밀하게 기술을 갈고 닦는 것도 필요하다. 그러나 감정의 연장선상에 이성이 작용하는 것이지 이성의 연장선상에 감정이 있는 것은 아니기 때문에 사고의 원점은 실은 감정에 있는 것이다.

감정을 평온하고 풍부하게 하는 것이 중요하다고 강조하는 것은 이성적으로 생각하는 힘을 높이기 위한 것이기도 하다.

♜ '데생'과 '디자인'은 같은 것

그러면 감정으로 받아들인 것을 데생하면 그 결과는 어떻게 되겠는가.

대답은 프랑스어의 데생(dessin)을 영어로 번역한 말에서 찾아 볼 수 있다.

영어로 데생은 '디자인(design)'이다.

여러분은 디자인이라면 설계도니 부인복의 모드, 각종 제품의 의장이라고 생각할지도 모른다. 프랑스어와 영어는 발음도 다르고 일상적으로 사용되고 있는 의미도 다르다.

때문에 마치 다른 세계의 말이라고 생각하였는지도 모른다. 그러나 실은 같은 말이다. 감히 말하자면 데생은 보이지 않는 사전 준비이며 디자인은 최종적으로 발표된 형태이다.

"저 차 디자인 정말 멋있다."

"이 드레스는 이탈리아 베카오의 최신 디자인이야."

"미래 도시는 사람과 자연의 상생을 고려한 디자인이 필요해."

이처럼 말하는 표현의 이면에는 뭐가 있을까? 분명히 말하자면 그것은 훌륭한 디자인 뒤에는 생각하고 생각한 끝에 나온 데생이 있다는 것이다.

화가가 데생을 한다. 피아니스트가 연주 발표 전에 작품의 데생을 거듭 연습한다. 디자이너가 여러 가지 초벌을 그린다. 건축가는 머릿속에 있는 구상을 구체화하기 위해 예상도를 스케치하여 여러 가지 완성된 모형을 다시 만들고 몇 번씩 설계도를 고쳐 그린다.

어떤 것이나 생각을 짜내서 생각하는 힘을 높이고 있는 것이다. 부디 여러분도 데생이나 디자인을 해보면 좋을 것이다. 글자나 말을 잇는 것만이 생각하는 작업은 아니다.

스스로 데생할 수 없으면 모방과 모사를 한다

데생은 원래 자신이 생각하고 스스로 창조하는 시행착오 과정의 작업이다. 거기에 필요한 것은 그 사람이 아니면 표현할 수 없는 고안의 발자취다.

그러나 만약 자신에게는 아직 창조할 힘이 없는 사람의 경우는 어떻게 하면 되겠는가? 그런 단계의 사람에게는 우선 모방과 모사부터 시작하도록 권하고 싶다.

유럽의 미술관에 가면 거장이라고 일컫는 화가의 작품 앞에서 하루 종일 그것을 모사하고 있는 젊은 사람을 목격할 수 있다.

실물을 충실히 모사하고 있다고 하는데 원화와 모사와는 작품의

품격이나 인상이 상당히 다르다. 그러나 그것으로 족하다.

거장의 작품을 모사하면서 그 화필의 사용법도 배울 것이고 거장의 제작하는 마음도 배우기 때문이다.

전통 예술에 친숙해져라

사람들은 위인의 실패를 흉내내려고 욕심을 부린다.
그러나 위인이 무엇을 새롭게 고쳤는가는 배우지 않는다.

(예루살렘 판 탈무드 「에모드 키탄」 편 2.2)

당신의 선생님에게 가르쳐 준 이유와 그 출전을 반드시 물어라.

(랍비 세로모 이츠하키)

조각가는 작업장 전체에서 생각한다

최근 가면이나 불상을 조각하는 문화 교실이 늘고 있다. 마음을
한곳에 모으고 조각도를 나무판에 대면 이윽고 거기서 기품 있는 가
면이나 불상 조각이 나온다. 대단히 충실한 시간을 보낼 수 있다.

문화 교실 입문자는 우선 조각의 기본적인 지식이나 끌의 사용법
을 배우고 모각부터 시작한다. 표본의 가면이나 불상을 보면서 선생

의 지도하에서 조각해 나간다.

그런데 본업인 가면 조작가나 불상 제작의 불사佛師에게 입문하면 그와 같은 과잉 친절은 베풀지 않는다. 새로 제자가 입문하면 스승은 우선 작업장의 청소부터 가르친다. 작업장 전체가 불사로서는 '창조'와 '생각한다'라는 공정의 전부이기 때문이다.

그 다음에 도구의 손질을 제자에게 명한다. 톱이나 대패 등의 손질, 끌, 정, 칼 등의 날을 가는 것부터 익히게 한다. 도구를 돌보는 마음, 도구를 사랑하는 마음이 생길때 비로소 도구를 사용할 수 있게 한다.

스승의 기술만을 흉내 내려고 해서도 안 된다. 기술은 제자가 스스로 훔치는 것이며 배워서 몸에 익혀지는 것이 아니다.

그리고 기술을 훔치려면 무엇보다 스스로 머리를 써야 한다. 이것이 중요한 것이다. 배우는 것만으로는 자신의 머리는 활발히 작용하지 않는다.

🪑 전통 예술을 재고하자

일이나 취미나 무엇이든 일반적으로 처음에는 모방하면서 배울 수밖에 없다. 전부를 배우는 것은 불가능하다.

배운다는 것은 '흉내 낸다'에서 변한 말이다. 그러나 배운다는 것은 최종적으로 자신의 생각을 확립하고 자신을 표현하고 자신이 행동하게 되는 것이 목적이다. 그러므로 어느 정도 기초를 익혔으면 슬슬 자신의 길을 개척하는 것이 중요하다.

장래 자신의 경지를 개척할 것을 목적으로 당분간 선생의 지도를 받고 쓰기의 기본을 배우는 것이라면 서도書道가 유익하다. 자신이 쓴 글자와 선생의 주필을 시각으로 받아들여서 객관적으로 비교할 수 있기 때문이다.

다도茶나 일본무용(한국무용), 일본(한국)의 전통적 예술을 배우는 것도 생각하는 힘을 높이는 데 도움이 된다.

차를 마실 때 자신의 모습이나 춤출 때의 자신의 모습을 본인은 직접 확인할 수 없다. 때문에 이런 레슨은 한층 더 머리를 쓴다.

우리들은 무엇을 하더라도 머리를 쓴다. 차나 춤 등 전통 예술에 몰두할 때도 머리를 쓰고 있다. 이것들은 일하는 것과 달라서 방법이 정해져 있지 않다. 따라서 전통 예술을 배우는 사람은 흉내 내면서 생각해 나가야 하는 것이다.

그 중에서 단가短歌, 장가長歌, 창 등 '말'을 사용하는 예능은 직접 대뇌의 언어 영역과 기억 영역을 자극하기 때문에 생각하는 힘을 높이는 데 효과적이다.

그것은 언어적으로 정리하는 힘을 활성화하기 위해서도 유효하기 때문이다.

생각한다는 작업은 마음속에 떠오르는 의사나 감정을 포착하고 판단해 나가는 작업이며 최종적으로는 말로 정리해야 한다.

그래서 말을 사용하는 예능이 도움이 되는 것이다.

이들 예능에서는 말을 발성할 때 소리의 강약, 억양, 속도 등을 가감하면서 말만으로는 표현할 수 없는 생각의 내면까지 표현한다. 이른바 말이 갖는 힘을 최대한 살리는 것이다.

두뇌 활성화에 좋은 '만담'

말의 기능을 전부 사용하여 대뇌를 활성화시킬 때 유익한 것이 만담이다.

만담을 하려면 다음 4개의 포인트를 구사해야 한다.

첫째, 이야기 전부를 익힐 필요가 있다. 이것이 기억력 증진에 도움이 된다. 회화의 데생에 있어서 윤곽을 그리는 것에 해당된다.

7, 8분의 짧은 재치 있는 이야기라도 400자 원고지로 하면 6매 이상이 된다. 줄을 바꾸거나 한 행을 띄어 쓰면 7, 8매가 된다. 제법 기억 용량을 요한다.

둘째, 등장인물마다 음색이나 개성의 특징을 채색해야 한다. 이것은 회화 데생의 흑백 명암을 정하는 것과 비슷하다. 음색을 잘 구별하여 사용하면 각각 등장인물의 옆얼굴, 풍모 등을 청중이 구별할 수 있게 된다.

셋째, 각기 다른 음색에 억양이나 말재주가 빠르고 느림을 궁리하면 등장인물의 표정이 분명해진다. 회화라면 스케치의 밑그림에 색칠했다는 점일 것이다.

넷째, 대화와 대화의 '사이'를 어떻게 두는가, 나아가 설명 부분에서 대화 부분으로 변화할 때의 교체 방법을 궁리한다.

여기까지 되었으면 같은 자료에 대해서 명인의 이야기를 들어보는 것이다.

같은 제목의 만담이라도 이야기하는 사람에 따라 상당히 다르다. 그것이 고도의 기예인 것이다.

본격적으로 만담을 이야기할 자신이 없는 사람은 명인의 이야기를 듣고 약간 흉내내기만 해도 상관없다. 그때 자신의 이야기를 녹음하여 명인의 이야기와 어디가 어떻게 다른가를 비교해 보는 것이다. 회의나 프레젠테이션, 스피치 등에서도 반드시 도움이 될 것이다.

여기서 또 하나 유대의 명언을 소개한다.

"공부할 때 자신의 무지를 드러내는 겸허한 사람은 최후에는 존경받게 된다."(탈무드 '베라호트'편 63)

CHAPTER 4

느낀 것을
표현하라

있는 그대로의 마음을 전하는
소박한 표현력을 익힌다

타인과의 공감이 당신의 마음을 건강하게 하고 생각하는 힘을 한층 더 높여 줄 것이다

느낀 것을 말로 표현한다

머리를 맑게 하고 싶으면 당신의 오감을 지켜라.

('츠바이트 하이보트'루벤 편 6)

우리들은 자신이 원하는 것만을 보고 동경하는 것만을 듣는다.

(랍비 사무엘 르츠아트)

마음을 가라앉혀 보라

인간은 바깥 세계의 자극에 반응하여 이것저것 생각한다.

고대 유대인들은 그것을 알지 못했기 때문에 이렇게 훈계해 온 것이다.

"머리를 맑게 하고 싶다면 당신의 오감을 지켜라."

그것을 진지하게 받아들여서 이 책에서는 지금까지 두뇌 활성화의 기초인 오감의 작용과 말하기, 쓰기, 필사하기 작업에 대한 재검토를 꾀하였다.

이 장에서는 시점을 바꿔 감성의 원점인 '느낀다는 것'에 대해서 생각해 보자.

대체로 당신은 '느낀다는 것'에 대해 지금까지 주의를 기울여 온 적이 있는가. 지금 당신은 무엇을 느끼고 있는가.

지금까지도 당신은 당신 밖에서 밀려오는 시각, 청각, 촉각, 후각, 미각에 대한 모든 자극에 대해서 마음을 동시에 귀를 기울인 적이 있는가. 만약 그런 경험이 없으면 지금 그것을 시도해 보라.

일단 눈을 감고 마음을 진정하고 생각을 집중시켜 모든 신경을 한 방향으로 집중한다. 그러면 지금까지 들리지 않았던 소리가 들린다. 다음에 천천히 눈을 뜨면 지금까지 보이지 않았던 빛이 보이고, 지금까지 느끼지 못 했던 온도나 공기의 움직임을 느낄 수 있고, 지금까지 깨닫지 못 했던 희미한 냄새까지도 구별하여 맡을 수 있다.

당신이 있는 현재의 세계가 이렇게도 넓고, 깊고, 끝이 없고, 다양하고, 다채로운가 생각하다가 그것에 놀랄 것이다.

그리고 자신의 타액 맛까지도 새삼 깨달을 것임에 틀림없다.

더구나 생각을 집중하여 마음을 맑게 하고 있으면 당신은 신체 안쪽에 달리는 혈관의 박동뿐만 아니라 손발의 혈류나 모혈의 개폐까지도 느끼게 된다.

그렇다, 당신 자신 안쪽에서 여러 가지 생체 신호나 정보도 감지하게 된다. 그리고 자신의 안쪽이 이와 같이 다이내믹했던가 하고 당신은 더욱 놀란다.

그 놀라움은 나에 대한 나의 기쁨이다. 이것이 또 내 속에서 감성을 높여 나 자신을 활성화하여 생각하는 힘을 높일 것이다.

🪑 '느끼는'것에서 생각도 시작된다

생각한다는 작업은 '느낀다'는 원점에서 시작된다. 거기가 기초이다.

외부의 자극에 솔직한 놀라움이나 감각, 요컨대 풍부한 감수성이야말로 생각한다는 것의 출발점인 것이다.

당신은 어렸을 때 어떻게 행동했는지 생각해 내기 바란다.

태양을 보고는 눈부시다고 느끼고, 흐르는 구름을 보고는 '어디까지 가는 것일까'라고 의아하게 생각하고, 솟아오르는 소나기구름을 보고는 '왜 저렇게 크게 늠름하게 솟아오르는가'하고 의문스럽게 생각하지 않았겠는가.

밤하늘을 올려다보고 '왜 별이 떨어지지 않을까?'하고, 이상하게 생각하지 않았던가.

새는 왜 날까? 다람쥐는 왜 가지에서 가지로 전선에서 전선으로 재치 있게 다닐까? 개미는 왜 열을 지어 일을 하는 것일까? 그렇게 생각하지 않았는가.

꽃을 보고도 풀을 보고도 어렸을 때의 당신은 '이상하다' 하고 놀라움으로 가득하지 않았는가.

그때 당신은 잘 생각하려거나 생각을 잘 정리하려고 했을 것이다. 당신은 극히 자연스레 의문을 가지고 극히 자연스레 놀라지 않았던가. 성인이 되어서도 그 자연스런 놀라움, 자연스러움을 받아들이는 법을 잊고 요령 있게 생각하려고 시작한다.

여기에 함정이 있다.

중요한 것은 솔직히 느껴 이해하고 솔직히 반응한다는 어린 아이의 태도를 잃지 않았을 것이다. 거기서 곧은 사고가 시작된다.

'시'를 지어보자

항상 느낀 대로 방치해 두어서는 생각한다는 동작으로 이어지지 않는다.

'음, 과연 곱구나……'

그렇게 생각하는 것만으로는 안 된다.

우선은 느낀 것을 어떻게 표현할 것인가를 생각해 보기 바란다.

그렇게 하기 위해서는 시를 지어 보는 것이 좋다.

시를 짓는다는 게 어려운 것은 아니다. 느낀 그대로를 조금씩 '말'로 나열하면 되는 것이다. 자신의 말을 나열하기만 하면 된다.

만약 시를 지을 때 주의해야 할 점이 있다면 사소한 설명을 하지 않는 것이다. 띄엄띄엄해도 좋다. 마음에 떠오르는 말을 나열하면 되는 것이다.

예를 들면 시는 느낀 그대로, 띄엄띄엄 말을 엮으면 된다.

자신의 말을 나열하면 된다. 띄엄띄엄으로 좋다. 마음에 떠오르는 말을 나열하면 된다. 이렇게 해도 충분히 시가 되는 것이다.

불교 시인 사카무라 신민 선생의 시에 다음과 같은 작품이 있다. 천천히 음미하고 읽어 주기 바란다. 한 단어, 한 단어가 고동치고 있다.

모든 것은 빛난다

빛난다.
빛난다.
모든 것은
빛난다.
빛나지 않는 것은
하나도 없다.
스스로
빛나지 않는 것은
밖에서
빛을
받아서
빛난다.

위의 시에서 알겠지만 시도 문장도 어떻게 간결하게 설명할 것인가에 따라 빛나게 된다.

시는 장황한 설명을 피하고 마음에 울리는 말, 마음에 떠오르는 말, 마음에 솟아나는 말만을 기탄없이 적어 나가면 되는 것이다.

말과 말 사이가 미묘한 공기가 되어 독자의 마음에 스며든다.

때로는 그 사이가 작가의 감정이나 작가를 둘러싸는 자리의 바람, 소리, 향기를 독자에게 가져다준다.

시는 말의 소재를 나열하기만 해도 곧 완성된다.

생각한다는 것의 첫 걸음은 느낀 것, 느끼고 있는 것을 자신 나름으로 자신의 말로 자신 밖으로 꺼내 보는 시도에서 시작된다. 꺼낸 것을 말로 바꿔 놓고 말로 표현한 것이다.

그것이 사고의 결과다.

문학으로서의 시에 대해서 여러 가지 생각할 필요는 없다. 예를 들면 당신은 시인으로서 데뷔할 생각은 없을는지 모른다. 하지만 '시를 짓고 싶다'하고 생각할 때가 있을 것이다.

그렇다면 마음에 떠오른 것을 그대로 표현해 보도록 하자.

긴 문장이나 어려운 사상을 이어나가는 것보다 우선 자신의 지금을 자신의 말로 표현해 보는 것이다.

자신의 감정과 감성을 띄엄띄엄 글자로 옮긴다. 말의 징검돌을 나열해 본다. 그리고 자신이 그 징검돌 위를 뛰어서 돌의 감촉을 확인해 본다.

자신이 나열한 돌이 자신에게 울려온다면 우선은 대성공이다.

그리고 징검돌과 같은 그 시를 가까운 사람에게 읽어 보게 하면 더욱 좋을 것이다. 타인과의 공감이 당신의 마음을 건강하게 하고 생각하는 힘을 한층 더 높여 줄 것이다.

문장은 '꾸밈없음'이 생명

> 영혼이 사람을 움직이고, 빛을 동경하고, 미를 갈망하는 한 사람은
> 시의 샘을 필요로 한다.
>
> (하임 나프만 비아리크)

소박한 감정, 꾸밈없는 마음의 중요함

앞에서 띄엄띄엄 말을 나열하여 징검돌과 같은 시를 엮고 스스로 읽을 것을 권했다.

자신의 소박한 감정을 시로 나타내서 스스로 납득할 수 있으면 이것만으로도 대단한 성과다. 당신 나름으로 자신을 객관화한 것이다.

그러나 사람은 종종 자기도취를 하는 경우도 있다. 때문에 가까운 사람에게 그 시를 읽어달라고 부탁할 것을 권하고 싶다.

결점을 발견하려는 비판적인 마음으로 읽어 달라는 것이 아니라 우선 솔직한 기분으로 읽어 달라는 것이 중요하다.

타인이 솔직한 기분으로 읽고 솔직히 상대에게 소통하는 것이라면 당신은 자신의 감정을 타인에게 전달한다는 작업의 첫 걸음에 성공한 셈이 된 것이다.

'표현하다'라는 것에 대한 몇 가지 고찰

만약 당신 이외의 사람이 그것을 읽고 당신의 기분을 아무래도 잘 알 수 없다고 한다면 다른 말로 바꿔 놓을 필요가 있다. 당신의 마음을 전하기 위한 보다 적절한 표현을 찾아보는 계기가 될 것이다. 예를 들면,

쥐 죽은 듯이 조용한 아침
눈을 만진다.

이것을 바꿔 말하면 다음과 같은 표현도 가능하다.

정적의 아침
눈송이(설화)를 만진다.
추운 아침 나는 터벅터벅 학교에 간다.

이 표현을 약간 바꿔 보자.

조사를 바꿔 넣어 문장의 느낌을 미묘하게 바꾼다.

(예1) 추운 아침 내가 터벅터벅 학교에 간다.

(예2) 추운 아침의 나는 터벅터벅 학교로 간다.

어순, 주어의 위치, 주어의 유무도 문장의 인상을 바꾼다.

(예3) 학교에 간다. 나는 터벅터벅 하고 추운 아침에

(예4) 학교에 간다. 터벅터벅 하고 추운 아침에

말을 약간 바꾸거나 교체하기만 해도 거기에 표현하려는 세계의 분위기가 미묘하게 변화 되는 것을 위와 같은 예로 이해하였으리라 생각한다. 부디 한 번 시도해 볼 것을 권한다.

처음부터 잘 쓰려고 해서는 안 된다

당신의 감정에 가장 잘 맞는 어순과 음감으로 표현한다.

이것이 시작詩作이라는 행위다.

당신 속에서 생기는 감정을 자신이 받아들이고 당신이 가장 납득할 수 있는 형태로 조립한다. 그리고 조립하여 표현한다. 그렇게 함

으로써 감정은 이미 단순한 흐름이 아니고 하나의 정리된 사상으로 결정한다.

그것이야말로 생각한다는 행위의 시발점이다. 그리고 이것을 복잡화한 것이 바로 '사고'가 되는 것이다.

처음부터 훌륭한 문장을 쓴다거나 멋진 시를 지으려 한다거나 그 이상의 것을 생각할 필요는 없다. 짧아도 솔직한 말, 솔직한 표현, 솔직한 조립으로 자신의 마음에 있는 생각이나 감정을 말로 한다. 그것이 생각한다는 것의 기본인 것이다.

솔직한 말은 저절로 독특한 음, 독자적인 운韻을 가지고 있다.

그런 자연스런 억양과 울림이 사람의 마음을 감동시킨다.

불가사의하게 비록 단어의 의미를 몰라도 때로는 다른 국어, 언어, 방언이라도 솔직한 말은 어디인가 사람의 마음속에 침투하여 뭔가를 전하는 것이다.

그것을 옛날에 언령言靈이라 불렀다.

잘 관찰해 보면 말은 어떤 국어든 어떤 언어든 언령을 가지고 있다. 그 언령의 울림 위에 '의미'가 있는 것이다.

'단어', '의미'라고 해도 영력이 있으면 비로소 성립되는 것이다.

어떤 억양, 어떤 음운, 어떤 말을 이을 것인가에 따라 당신의 생각이 타인에게 전해질 때의 인상도 달라진다.

될 수 있으면 평소부터 솔직하고 음운이 있는 말을 하도록 유념해 주길 바란다.

오감을 재고할 때 필요한 것

> 상상과 실생활이 이상을 구성한다.
>
> (시몬 베이유)
>
> 현인의 말은 짧다.
>
> (유대의 속담)

영화감독 신도 카네토의 창조 원점은?

한 텔레비전 인터뷰에서 신도 카네토 영화감독이 했던 말이 인상적이었다.

"나는 매일 아침 식사 후 신문을 읽고 텔레비전을 봅니다. 그리고 1시간에서 2시간 정도 멍하니 있습니다. 멍하니 있지만 머릿속에서는 뭔가를 생각하고 있습니다.

'지금 일본 사회에서는 무엇이 문제일까?'하고 신문이나 텔레비전을 보면서 사회 문제를 찾습니다.

그 문제점을 찾다가도 시간이 지나면 생각하던 것을 전부 지워버립니다. 그러나 1년 정도 지나서 '아, 저것이 정말로 문제로구나'하고 깨닫습니다. 그때서야 이 문제를 모티브로 이야기를 씁니다."

신도 감독은 참여파 영화감독으로 알려져 있다.

영화의 대표작에는 결핵으로 죽은 아내를 그린 『애처 이야기』(1951), 원폭의 비참함을 그린 『원폭의 아이』(1952), 수폭실험을 그린 『제5후쿠류마루』(1959), 세토나이카이의 고도 생활을 그린 『벌거숭이 섬』(1960) 등이 있다.

또 고령화 사회에서 미래에 절망한 노부부가 물에 빠져 자살할 때까지의 경위를 그린 『오후의 유언장』(1995)은 너무나 유명하다.

모두 극적 거짓을 가하지 않고 사실과 사건을 담담하게 영화화하고 있어서 매우 감동적이다.

이들 모든 작품이 감독의 말을 빌면 '멍한 상태의 시간'속에서 생기고 있다는 것이다.

감독은 처음부터 이것이 '문제'라고 결정하고 자료를 모으는 것은 아니다. 우선 처음하는 것은 사회의 사건, 매스컴에서 보도되는 뉴스 등을 무작위로 자신 속으로 받아들인다. 그 속에서 어떤 사건이나 문제들이 이윽고 자신 안에서 발효되어 영화로 이슈화하려는 결론으로 변하는 것이다.

인간은 여러 가지 것을 잇달아 잊어 간다. 감독 자신도 잊는다. 하지만 잊었을 무렵에 새삼스럽게 '아, 이것이 문제로구나'하고 생각나게 되면 그것은 사건이 기억해야 할 '의미'를 가지고 있었기 때문에 보편적 가치가 있는 것이다. 거기에 신도 감독의 비밀이 있다.

멍하니 전체를 둘러보다가 그 속에서 '이것이다'하는 것이 떠오르는 것이다.

🪑 신도 감독과 그림 콘티

신도 감독은 처음에는 각본가로서 영화계에 데뷔하였다. 그가 쓴 시나리오 대본을 다른 감독이 영화로 만들어 화제를 부른 작품도 많이 있다.

또 자신이 각본을 쓰고 감독까지 하는 경우도 있었다.

감독은 그들의 각본을 영화의 한 장면마다 그림 콘티*로 만든다. 그것도 장면 단위의 대략적인 그림 콘티가 아니다. 카메라의 앵글을 그대로 클로즈업 해서 크게 찍거나 전경으로 바꾼것처럼 그야말로 한 컷 한 컷을 그림 콘티로 하고 있다.

그림 콘티라는 것은 시나리오가 어떻게 계속되어 갈 것인가를 간단한 그림과 설명에 대사를 표기한 대장으로 촬영 감독의 대본이다. 장면의 연속성(continuity)을 그림으로 설명하고 있기 때문에 그림 콘

그림 콘티: 영화에서 촬영 대본. 시나리오를 바탕으로 한 컷마다 화면의 구성이나 등장인물의 움직임, 카메라의 위치 등 연출상 상세히 기록한 것

티 또는 단순히 콘티라 부른다.

각본은 글자로 이야기의 흐름이나 장면을 설명한다.

그림 콘티는 한 단 한 단의 그림으로 이야기를 하는 각도나 강조점을 설명한다.

그림 콘티가 완성되면 영화를 제작하기 위한 준비 단계는 거의 종료된 셈이다.

이 이후로 감독이 그리는 인물에 어울리는 배우를 선정하고 촬영에 적합한 장소나 스튜디오를 준비한다.

한번은 내가 어떤 기업의 의뢰를 받아 '고객 대응' 교육용 비디오의 각본을 쓴 적이 있는데, 영화 촬영 단계가 되어 촬영소로 갔다가 그곳에서 영화감독 헨리 스게 씨를 처음 만났다.

그리고 감독이 손에 들고 있던 스케치북을 보고 깜짝 놀랐다.

거기엔 그림 콘티가 엮어져 있었다. 콘티에는 각본의 글자로는 표현되지 않았던 장면의 모습이나 인물의 표정이 생생하게 표현되어 있었다. 장면에 따라서는 원작자인 내가 이미지화 한 것보다 훨씬 리얼한 그림이나 주문이 첨가되어 있다.

글자에서 화상으로의 발전. 그것이 그림 콘티인 것이다.

그림 콘티 식 문장 작법이란?

원고를 쓸 때 나는 한 자, 한 자 연필로 원고용지에 새겨놓듯이 쓰는 것을 좋아한다. 그러나 손가락 건초염을 앓고 나서 원고를 컴퓨터로 쓰게 되었다.

그래도 마음속으로는 지금도 원고용지에 연필로 쓰고 있다. 컴퓨터의 화면상에서 이미지에 알맞은 글자를 불러와 감정에 꼭 맞는 말을 고르려 하다 보니 원고를 쓰는 것은 하루에 원고용지 환산으로 3매로 한정 되었다.

뿐만아니라 스게 감독을 만난 후로는 '이 원고를 각본화하면 어떻게 될까? 그림 콘티로 하면 어떤 그림을 컷으로 할까?'하는 상념도 하게 되었다. 그리고 촬영 현장에서는 반드시 작가인 나의 기대대로 배우를 이해시키지 못 하는 경우도 있었다. 그것은 배우들의 목소리에 나타난다.

그 후로 나는 마음의 소리를 내면서 문장을 추고하게 되었다.

이 문장을 음독하면 어떤 말투로 읽을까. 내가 무대의 배우가 되면 어떻게 이 문장을 이야기할까.

원작자인 나의 의도를 배우인 나는 정확한 표정과 적절한 몸짓 그리고 리얼한 목소리로 재현할 수 있을까. 그런 것을 생각하다 보니 글을 쓸 때 내가 변하고 있다는 걸 알게 되었다.

간결한 구도와 알기 쉬운 말은 모든 것을 설명한다. 이것이 내가 그림 콘티에서 배운 것이다. 그것이 완성되면 최상의 콘티가 된다.

이런 점에서 신문이나 잡지에 게재되는 한 단 만화에는 배울 것이 많이 숨겨져 있다. 또 4단 만화라도 독자가 재미있다고 생각하는 작품에는 분명 작가의 대부분의 사색이 거기에 담겨져 있는 것이다. 4

단 연재만화라도 그 배후에는 작가의 대단한 사색과 시행착오와 취재와 사회 관찰이 있었을 것이다.

그것을 아무렇지 않은 4단의 만화로 정리한다. 문장을 쓰는 데 있어서도 이것은 대단한 참고가 되었다.

우리들의 의식은 항상 연속이므로 생각한 순간 잇따라 써나가면 끊어진 자리가 없는 문장이 된다. 쓰고 있는 본인은 그것으로 되었다고 생각하고 있으나 타인이 읽어보고 긴 문장이라면 본인이 무엇을 말하고 싶은지 모르는 경우도 있다. 이래서는 곤란하다.

실은 나도 이전에는 상당히 긴 문장을 쓰고 있었다. 하나의 문장(원 센텐스)인데 3, 4행이나 계속된다. 도중에 쉼표는 있지만 좀처럼 마침표까지 이르지 않는다. 그 때문에 나의 문장도 알기 어려워 독자 분들에게 폐를 끼치고 있었다.

그래서 낭독할 수 없는 문장은 알기 어려운 문장이다.

단숨에 낭독할 수 없는 문장은 난해한 문장

사람이 쉽게 이해할 수 있는 문장은 짧은 문장으로 구성돼 있다. 장편 소설에서도 독자를 빠져들게 하는 작품은 짧은 문장이다.

많아야 한 문장에 40에서 60자다. 이것이 한도다. 아마 그 정도의 정보량까지가 대뇌의 정보처리 능력에 가장 적당하기 때문일 것이다.

나는 최근 한 문장의 길이를 가능한 짧게 하고 있다. 만약 한 문장이 3행 이상이 될 경우에는 되도록 중간에 쉼표를 찍도록 하고 있다.

문장을 짧게 할 수 없다면 그것은 아직 제대로 생각을 정립하지 않았다는 증거이다. 그렇게 나 자신을 되돌아보며 반성하고 있다.

생각하는 힘을 높이기 위해서는 여러분도 긴 문장을 짧게 나눠 써 보는 것이 좋을 것이다. 거기에다 가능하다면 한 장면, 한 컷별로 그림 콘티나 간단한 만화로 만들어보는 것도 좋다. 그림이나 만화를 잘 그릴 필요는 없다. 당신의 의도가 자신에게 전달되는 그림이라면 충분하다.

CHAPTER 5

논리력을
익혀라

논리적 사고력의
기본에는 '발상력'이 있다

논리와 합리성에는 한계가 있다는 것도 깨달을 필요가 있다. 그것이 '성인의 태도'이다.

'논리적 사고력'을
어떻게 **파악**하는가?

지혜는 땅 속 깊은 바위와 모래에 섞여 있는 금광석과 닮았다.

'생각한다'는 것과 '지성'

지금까지 생각한다는 것의 기초가 되는 오감의 활성화, 다시말하면 읽고, 쓰고, 말하고, 듣는 언어 능력의 훈련 그리고 조각과 시 쓰기 등, 내면적 감수성의 표현에 대해 짚어 봤다.

여기서는 잠시 '논리'라는 것에 대해 아주 기본적인 정리를 해 보기로 하자.

두뇌를 활성화시키는 '생각한다'는 무턱대고 이것저것을 늘어놓는 것이 아니며, 적당히 순간적으로 떠오른 말을 내뱉는 것이 아니다.

생각한다는 것은 자신의 마음속에 떠오른 것, 혹은 외부로부터 익힌 것을 정립시켜 스스로 납득할 수 있는 체계로 정리하는 것이다. 그때 대상을 어떻게 이치에 맞게 구축하는 능력이 문제가 된다. 이에 대해서는 처음에 말한 '인텔리전스'라는 것의 의미를 다시 한 번 생각해 주길 바란다.

다시 말해 종래의 인텔리전스는 일반적으로 '지성知性'의 의미로 쓰였다. 하지만 최근에는 인텔리전스라는 말은 '정보'로 해석하고 있다.

그러나 '인텔리전스'는 '인포메이션(정보)'과 같은 것이 아니다. 인텔리전스란 '첩보'의 의미다.

스파이는 점과 점의 정보를 이어 선 상태의 정보를 추리해 내고 다시 선과 선을 이어 면의 정보로 만들어낸다. 인텔리전스란 그런 단편적 정보를 이어 통합적인 정보로 만들거나 판단하는 능력이다.

이것을 '지성'이라 부르는 것이다.

그리고 이 점과 점을 연결하는 능력이 논리력이며 점과 점의 연결이 논리이다. '논리적이다'는 말은 점과 점이 일관적이고 모순 없이 연결된 것을 말한다.

그리고 지성이란 논리적으로 사물을 정립하고 논리적으로 모순 없는 판단을 내리는 능력이다.

한편 지성에 있어 판단을 위해 필요한 지식과 사실, 데이터를 포괄적으로 아는 것도 중요하다. 흔히 지식의 양을 지성이라고 착각하

는 경우가 많다. 그런 혼동이 일어나는 것은 지식이 판단에 없어서
는 안 되기 때문이다.

하지만 지식은 지성이 아니다. 지식은 단순히 개개의 경험과 정
보가 모인 것에 불과하다.

논리적인 사고의 구조

우리는 보통 사물을 생각하고 판단할 때 경험에 의해 얻은 지식을
바탕으로 생각하고 판단한다. 그것이 어떤 순서로 이루어지는가하
면 다음과 같은 구조로 돼 있다.

예를 들어 '저 사람은 다나카 씨이다.'라고 할 때,

❶ 우선 '다나카 씨'라는 인물과 이미 안면이 있고 모습과 이름으
　로 '다나카 씨'를 알고 있다.

❷ 따라서 멀리서 그 사람을 본 순간 '저 사람은'이란 인물의 모습
　이 '다나카 씨'라는 지식과 결합하고 지성이 '저 사람은 다나카
　씨이다.'라고 판단한다.

❸ 그 결과 '저 사람은 다나카 씨이다.'라고 말하는 것이다.

이 사고 과정은 경험에 의해 얻은 '다나카 씨'라는 지식이 판단
의 근거가 되고 있다. 또한 그 지식은 사실이라는 조건이 따르
게 된다. 여기서 문제시 되는 것은 판단의 근거가 되는 지식이
사실이며 또한 진실이어야 한다는 것이다. 만약 진실이 아니라

면 잘못된 결론과 잘못된 판단을 내릴 수도 있다.

논리적이라는 것은 진실의 근거를 쌓아 올려 생각하는 것이다. 만약 진실이 아닌 정보나 지식을 쌓아 올리면 어떻게 될까. 그것에 대해 구체적인 사례를 들어 설명하기로 하자.

부분만을 보고 전체를 판단할 수 있는가?

논리적이라는 것은 진실의 근거를 쌓아 올려 생각하는 것이라고 했는데 만약 진실이 아닌 정보나 지식을 쌓아 올리면 어떻게 될까?

일본 속담에 '점 하나로 표범이라 생각한다(판단한다).'라는 말이 있다. 울창한 밀림 저편에서 움직이는 표범의 반점만을 보고 거기에 맹수인 표범이 있다는 것을 안다. 즉 사물의 일부만 보고 전체를 유추한다는 의미이다.

하지만 정말 제대로 통찰할 수 있을까?

논리학의 견해에서 본다면 이 통찰에는 상당한 위험성이 있다.

원래 전체에 관한 정보가 바른 경우에 한해서 그 부분에 관한 정보도 바른 것이 된다.

예를 들어 '모든 포유류는 젖을 먹고 자란다.'라는 말은 옳다. 그러므로 '오리너구리는 젖을 먹고 자란다.'는 말도 옳다. 왜냐하면 오리너구리도 포유류이기 때문이다.

역으로 일부분에 관한 잘못된 정보를 근거로 전체를 조립하면 전체로서의 진위도 '거짓'이 된다.

예를 들어 '어떤 사람이 공룡이다.'라는 발언은 분명히 거짓이다. 이것을 근거로 '모든 사람이 공룡이다.'라고 하는 것은 이 또한 명백한 거짓이다. 마찬가지로 '어떤 사람이 정직하지 않다.'라는 말이 거짓이라면 '모든 사람은 정직하지 않다.'라는 것도 거짓이 된다.

논리학적으로 부분적 정보가 진실이라 하더라도 그것만으로 전체적인 정보의 진위를 확정하는 것은 매우 어렵다.

예를 들어 '어떤 여성이 넥타이를 매고 있다.'라는 것이 진실이라 할지라도 그것을 근거로 '모든 여성이 넥타이를 매고 있다.'라고 단정할 수 없다. 또 '모든 공무원은 비리가 있다.'라는 것도 있을 수 없다. 따라서 이 발언은 거짓이다. 그렇다고 해서 '어떤 공무원은 비리가 있다.'는 과연 어떨지 한 마디로 단정할 수 없다.

즉 전체가 거짓 정보라 할지라도 그것만으로는 부분적인 상황이 진실인지 거짓인지를 단정할 수 없는 것이다. '점 하나로 표범이라 생각한다.'라는 말은 상황과 조건설정에 따라선 곤란한 것이다.

이처럼 전체와 부분이란 관계는 매우 불안정한 긴장 상태에서 성립된다는 것을 논리학은 제시해 주고 있다.

논리적 개연성, 논리 이전의 절대성

다시 말해 적어도 부분적 재료의 신뢰성만으로는 전체를 판단하기 어렵다는 것이다.

이 불확실성에 대한 대응이야말로 BSE(광우병)감염 소의 유무에 대해 육우를 전부 검사해야 한다고 주장하는 일본과 샘플 검사나 일정 연령 이상의 소만을 검사하면 충분하다고 하는 미국 주장의 차이와 같다.

안전성에서 보면 당연히 전체 소의 검사를 주장하는 일본의 입장이 절대적으로 옳다.

하지만 양국 간 대립의 배후에는 통계적 개연성에 신뢰를 두는 미국과 개별의 절대성이 보장되지 않으면 신뢰할 수 없다는 일본 사이에 양국의 문화적 가치관에서 차이가 있다. 이것은 의논만으로는 해결할 수 없는 일이다.

미국과 유럽 사람들은 일정 확률 이상의 신뢰성, 혹은 안전성이 보장된다면 그걸로 충분하다고 여긴다. 이것은 어찌됐던 간에 인간의 행위에 완벽이란 있을 수 없으므로 최선을 다했기 때문에 혹 사고가 일어나더라도 어쩔 수 없다고 생각하기 때문이다.

서구에서는 사고가 일어나더라도 담당자의 책임을 그다지 심하게 문책하지 않는다. 그것을 제도상의 문제라고 생각한다. 하지만 개인이 관리규칙과 룰을 위반할 경우에는 철저히 그 책임을 추궁하고 엄격한 처벌을 내린다. 이것은 이론상의 문제이기 때문이다.

대조적으로 일본에서는 절대로 사고가 일어나지 않을 것이라고 생각하여 엄격한 검사와 검사기준을 설치한다. 그렇지만 실제 검사에서는 어느 정도 여유를 둔다. 또 사고가 일어나면 담당자의 책임을 엄히 문책한다. 관리규칙과 룰의 불편함에 대해서는 그런 제도를 감독하고 검사하는 측의 책임을 추궁하지는 않는다.

룰과 제도를 신뢰할지, 인간을 신뢰할지…….

그런 점에서 가치관의 차이가 있다.

논리와 합리성에는 한계가 있다는 것도 깨달을 필요가 있다. 그것이 '성인의 태도'이다.

'점 하나로 표범이라 생각한다(판단한다).'는 말은 원래 이런 논리적 위험을 뛰어넘어 올바른 판단이 가능한 사려 깊은 사람에 대한 찬사다. 한편 우리처럼 평범한 사람에게는 '점 하나로 표범이라고 생각한다.'는 말은 아주 어려운 것이라는 것을 알아야 한다.

그런 인식 위에 성립된 것이 사회라는 틀이 아닐까.

사고의 최소 단위는 무엇인가?

논리적으로 대상을 판단할 때 중요한 것이 하나 있다. 그것은 자신의 의견이나 상대의 주장에서 의논의 주제는 무엇이고 그것은 어디까지를 대상으로 삼고 있는지 명확하게 파악하는 것이다. 왜냐하면 논리적으로 판단할 때 사고의 최소단위가 되는 것은 'A는 B이다.'라는 인식이기 때문이다. 이 'A는 B이다.'라는 표현을 복잡하게 조합해 가면서 우리는 대상을 생각한다.

'저것은 꽃이다.', '이것은 아름답다.', '그것은 뭔지 모르겠다.'라

는 표현도 각각 'A는 B이다.'로 환원시킬 수 있다. 즉,

'저것(A)은 꽃(B)이다.'

'이것(A)은 아름다운 것(B)이다.'

'그것(A)은 뭔지 모르겠다(B).'

이렇게 정리할 수 있다.

▥ '판단'의 4대 형식이란?

평범한 우리가 대상을 생각할 때 'A는 B이거나, A는 B가 아니거나'에 주의를 기울이기 쉽다.

하지만 잘 생각해 보면 A의 전부가 B인지 아닌지를 반드시 점검하지 않은 채 그저 'A는 B이다.'거나 'A는 B가 아니다.'라고 치부해버리는 경우가 많다.

논리적인 결함과 실패, 혹은 일상의 업무상 실수나 사고 등이 실제로는 'A의 모든 것'을 체크하지 않은 채 A를 겉핥기만으로 판단해버린 경우에 발생한다.

'A는 B이다.'라는 것은 A가 모두 B에 포함돼 있어 A와 B의 공통분모가 인정될 경우이다. 만약 A와 B가 무관하다면 'A는 B이다.'의판단은 성립하지 않는다.

그래서 논리학이란 학문의 영역에서는 'A는 B이다.'라는 짧은 문장이라도 우선,

'(모든) A는 B이다.'

'(모든) A는 B가 아니다.'

'어떤 A는 B이다.'

'어떤 A는 B가 아니다.'

의 네 가지 가능성이 있다는 것을 전제로 하고 그 다음에 각 부분의 내용이 진실일지, 거짓일지를 확인하고 고치는 것으로부터 논리적인 신빙성을 검토한다.

정관사를 붙여 생각한다

위와 같이 어떤 사실에 대해 네 가지 가능성에서 그 대상의 타당성을 생각해 본다는 것은 일본인에게는 별로 익숙하지 않다.

일본어에는 정관사와 부정관사가 없기 때문일지도 모르겠다.

하지만 '모든'이란 조건을 덧붙여 대상을 바라보면 발언의 진상이 확실하게 보인다.

예를 들어 '모든 사람이 근면하다.'라는 발언은 경험적으로 보더라도 거짓이다. 하지만 '대부분의 사람은 근면하다.'라고 한다면 이건 타당하다. 이 '대부분의 사람은 근면하다.'라는 표현은 논리학상의 분류인 '어떤 A는 B이다.'에 해당한다.

그런 '참된 종교인은 이 세상의 부에 눈이 멀지 않는다.'와 같은 발을 섭하게 되면 논리에 익숙하지 않은 일반 사람들은 '참된 종교가란 종교인 중에 있는 일부의 사람들, 즉 참된 종교인이라 불리는 일부의 종교인을 가리킨다.'며 부분에 관한 명제로서 서둘러 판단해 버린다.

하지만 논리학적으로 이것은 '참된 종교인 모두는 이 세상의 부에 눈이 멀지 않는다.' 혹은 '모든 참된 종교인은 이 세상의 부에 눈이 멀지 않는다.'의 의미이다.

'참된'이라는 수사는 영어로 'the true'이다.

영어도, 독일어도 정관사가 붙으면 정관사가 대표하는 조건에 해당하는 것이 모두 포함되게 된다. 영어의 정관사 the △△'의 표현에서 '△△에 관한 모든 것'이란 의미이다. 예를 들어 the Teshimas'라고 하면 테시마 계의 가족 전원을 가리킨다.

'a Teshima'라고 하면 '특정 테시마 씨'라는 뜻이 된다.

만약 '어떤 참된 종교인'이라고 한다면 영어로는 부정관사 'a'가 붙어 'a truly religious person'으로 표현된다. 또는 'some truly religious person'이라는 복수형의 표현이 될지도 모르겠다. 어쨌거나 '어떤 참된 종교인'이라는 익명의 표현 자체가 영어의 세계에서는 어딘가 미심쩍은 인상을 줘 그 종교인은 어차피 사이비일 것이라는 잘못된 추측을 초래할 가능성이 더 클 것이다.

이 '어떤 일부'와 '모든'이란 구별, 이것은 일본어에 없는 사고 형태이다.

무역교섭과 외교교섭에서는 정관사를 하나로 약속의 효력 범위가 엄청나게 달라진다. 부정관사를 붙인 채라면 향후 문제의 소지가

돼 분쟁 사태를 초래할 수도 있다.

어디까지가 타당한지 그것을 하나씩 확인해 가면서 사실을 조합해 간다. 그런 태도로 일상의 대상을 재고하는 습관을 형성한다면 여러분도 어느 정도 논리적인 사고에 익숙해 질 것이다.

일본어에는 정관사, 부정관사의 구별이 없으므로 주어나 목적어가 어디까지인지를 바로 확정지을 수 없다. 이것이 일본어의 애매함이다.

그렇기에 더욱 일본인의 생활에서는 전후관계나 상하관계를 살피는 데 많은 노력을 하지 않으면 안 된다. 문화나 예술 면에서도 '측은지심(惻隱知心: 상대에 대한 측은한 마음을 갖는 것)을 중요시 한다.'라는 식이 된다.

하지만 국제 교류의 장에서는 이런 것이 마이너스가 되는 경우도 있다.

♟ 논리를 그림으로

만약 자신의 생각이나 대상의 전후관계가 확실하지 않을 경우에는 단순하게 도표화해 보면 쉽게 정리할 수 있다. 이것은 두뇌를 활성화시키는 가장 빠른 지름길이다.

예를 들어 '나도 가끔은 아플 때가 있어.'라는 발언은,

'나'플러스 '아플 때가 있어.'의 두 가지로 나눌 수 있다.

그것을 도표화하면 '나'는 '아플 때가 있어.'에 포함된다.

하지만 좀 더 생각해 보면 실은 '나'는 '인간'에 포함돼 있고 그 '인간'은 '아플 때가 있어.'에 포함돼 있고 다시 나눌 수 있다.

따라서 '나도 가끔은 아플 때가 있어.'라는 발언은 실은 '인간은 아플 때가 있다.', '나는 인간이다.', '그러므로 나도 아플 때가 있다.'라는 세 가지 판단의 복합체인 것이다.

이것을 도표화하면 '모든 인간'은 '아플 때가 있어.'에 포함되고 '나'는 '인간'에 포함돼 있다는 다음과 같은 도표가 성립된다.

'어떤 사람은 아프다.'라는 발언이라면 인간의 일부가 '아플 때가 있다.'와 겹쳐진 인간부분에 해당한다.

'어떤 사람은 아프지 않는다.'라면 그 사람은 '아프다'와 겹치는 부분이 없는 인간 속에 해당한다고 생각하면 좋을 것이다.

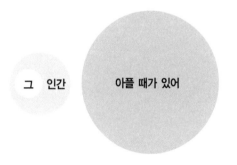

'그는 절대로 아프지 않는다.'라는 표현은 그가 아플 때가 있는 인간이나 아니 아플 때가 있는 것과 전혀 관계가 없다는 표로 나타내면 된다. 즉 그는 아플 때가 있는 인간과도 아플 때가 있는 것과 전혀 접점이 없는 독립된 관계인 것이다.

또는,

그　　　　　　　아플때가 있어

논리적으로 생각하기 위해서는 생각하는 대상을 도표로 나타내면 알기 쉽고 정리도 편하다.

그것도 직선과 타원의 특징과 →, ≠, 〈 등의 간단한 기호를 사용해 최대한 생각을 분해하면 명쾌해 진다.

과거로의 **발상**, 미래에의 **발상**

의식의 내면에는 여러 가지 광경이 기억되어 있다. 거기에는 과거의 모든 것이 있다.
거기에는 작은 사건조차 세세한 부분까지 보존돼 있다.
덕분에 우리는 아무것도 잊지 않는다.

(앙리 베르그손)

창조란 무에서 유를 창조한 신과의 협력자가 되는 것이다.

(메즈리츠의 랍비 도브 벨)

🪑 사고 형성의 구조를 본다

생각한다는 행동은 몇 가지 면에서 생각할 수 있다.

논리적으로 생각한다. 분석적으로 생각한다. 직관적으로 생각한다. 정서적으로 생각한다. 긍정적으로 생각한다. 부정적으로 생각한다. 건설적으로 생각한다. 소거법적으로 생각한다.

모두 생각한다는 행동 모습의 일면을 표현하고 있다.

그런데 이런 생각한다는 행동, 생각한다는 능력을 어떻게 학습했을까?

갓 태어난 아이는 배고프면 젖을 달라고 울고 배부르면 젖을 안 먹는다. 큰 소리에 놀라면 불안해서 운다. 인간 사고의 원점은 아마도 여기에 있을 것이다.

즉 원하므로 찾는다. 불안해서 보호를 요청한다. 만족해서 평온하다. 좋아서 받아들인다. 싫어서 거부한다. 그런 반응을 하게 된다. 이 반복과 기억의 연장선상에서 점차 사고라는 것이 구축돼 나가는 것이다.

그러므로 과거의 기억을 생각해 내는 것도 두뇌를 활성화시켜 사고력을 높이는 데 도움이 된다.

기억은 대뇌의 어딘가에 아주 작디작은 겨자씨와 같은 점의 형태로 잠들어 있다. 그 중 어느 하나의 잠을 깨우면 연동작용으로 그와 관련된 기억도 되살아난다. 그리고 그 사건이나 정보 등의 전체 형상을 재현하는 것이 가능하다.

♟ 과거의 기억을 떠올리면 무엇이 생기는가?

예를 들어 내 어릴 적 기억 중에 천장에 매달려 있는 전등 소켓에 손가락을 집어넣은 기억이 있다. 아마 1945년 초여름이 되기 전의 일이다.

왜 그랬었는지 기억을 되짚어 가보면, 먼저 어른들이 소켓 스위치를 돌리면 전구에 불이 들어오는 것을 어린 마음에 신기하게 여겼던 모양이다.

그런데 무슨 이유에서인지 소켓에 전구가 달려있지 않았던 때가 있었다. 아마도 전구가 다 돼서 교환하기 위해 전구를 빼 놓았을 것이다.

세 살이던 나는 상 위에 다시 상자를 올리고 그 위에 서서 늘어진 소켓 스위치를 돌려 전원을 켰다. 당연히 찌릿하고 전기가 올랐다. 깜짝 놀라 손을 뗐다. 다시 스위치를 돌리고 손가락을 넣었다. 이번에는 전기가 오지 않았다. 스위치를 껐기 때문이다.

지금 생각해 보면 잘못하면 감전사로 죽었을지도 모를 일이다. 때문에 어린 마음에도 전등이 무서운 것이라고 생각했을 것이다.

어째서 그 기억이 세 살 때라고 장담하는가 하면 내가 당시 부산에 살고 있었기 때문이다. 나는 1942년 1월에 한국의 부산에서 태어나 1945년 초여름까지 부산에서 살았다. 1944년에는 두 살이었으므로 상 위에 상자를 올리고 그 위에 올라서는 것은 아마도 불가능했을 것이다. 게다가 그 나무 상자는 꽤 무거워 두 살인 내가 들 수 없었을 것이다.

1945년 우리 가족은 중국의 깊은 산골 대동大同으로 이사를 했다. 그러므로 그 일은 아마 1945년 봄의 일이라고 생각하는 것이다.

다른 한편으로 이 사건과 관련해 당시 내가 살고 있던 집의 모습을 기억해 낼지 시험해 봤다. 그랬더니 거실, 부엌, 거실 건너편의 방, 그 너머 정원의 모습까지 기억이 떠올랐다.

1985년 경 한 잡지에 한국의 관광지가 소개됐다. 거기에 게재되어 있던 한 장의 사진을 본 순간 어딘가 낯익은 모습이었다. 이건 혹시 부산의 송도가 아닐까? 그렇게 생각했다. 기사를 자세히 읽어보니 그 사진은 틀림없는 부산의 송도였다.

1943년 여름에 가족과 해수욕을 즐기던 곳의 풍경이었다. 사진의 장소에 갔을 때가 1살 반. 게다가 쿠마모토에서 놀러온 숙부와 함께 간 기억까지 떠올랐다.

1945년 12월 말에 중국에서 고향으로 돌아갔을 때 숙부가 쿠마모토 역까지 마중을 나왔다. 그때 숙부가 나를 바로 알아 본 것도 내 기억 속에 남아있다.

놀랍게도 이 풍경을 사진으로 본 것은 내가 마흔세 살 때였다. 42년 간 잠들어 있던 기억이 갑자기 되살아난 것이다.

그 해수욕장에 누구와 함께 갔었는지 기억을 되살려 보니 사촌 가족과 함께였다는 것. 그때 사촌 누나의 웃는 얼굴 등도 떠올랐다.

이런 기억들은 내가 떠올린 기억의 작은 일례이다.

🪑 기억 끄집어내기는 '과거를 상상하는 것' 부터

과거의 기억을 떠올린다. 그것은 과거를 상상하는 작업에 불과하다. 일반적으로 상상이라고 하면 미래 세계를 상상하거나 미지의 세계를 상상하는 것으로 여기고 있다. 하지만 '상상想像'은 과거에 대한 것도 가능하다.

미래나 미지의 세계에 대한 상상은 이미 알고 있는 사실을 기반으로 공상의 세계를 펼치는 것이다. 여기서는 상상하는 내용의 가능성이 합리적인지 아닌지 문제가 되지 않는다.

반대로 과거를 상상할 때는 기억의 내용이 사실과 일치하고 합리적인지 아닌지가 문제시 된다. 다시 말해 관련된 다른 사건과의 관계에서 그 연결고리가 사실이라면 그것은 기억이다. 연결고리가 없다면 단순한 공상에 불과하다.

과거의 사건 하나를 떠올릴 수 있다면 거기서부터 기억을 더듬어가 관련된 사건 전체의 재현이 가능해진다. 이것은 누구에게나 가능하다.

대부분의 사람들은 사건의 한 장면만을 떠올리고 더 나아가 그와 관련된 일들을 떠올리려 하지 않을 것이다. 때문에 잠들어 있던 기억이 되살아나지 않는 것이다.

만약 과거의 사건 전체가 바로 떠오르지 않는다면 억지로 기억해 내려고 하지 않아도 된다. 일단 기억해 내려는 자체를 그만두자.

대신에 과거의 일을 자유롭게 상상해 보는 것이다. 다음으로 상상해 본 것 중에 처음으로 떠올린 장면과 내용에 모순이 없는지 확인해 보자.

내 경험으로 말하자면 이것저것 상상해 본 일들 중 최초의 장면이나 상황, 사실과 모순되지 않는 것은 잠들어 있던 기억의 반응인 것이다. 아니 거기서부터 기억의 재현이 시작되는 것이다.

이것이 사실인지 아닌지 의문스럽다면 누군가 그 기억과 관계된 사람을 찾아 확인해 보라. 아마도 당신의 기억이 옳다는 것을 증명해 줄 것이다.

마찬가지로 과거에 학습한 것들을 떠올릴 때에도 마찬가지 방법으로 기억을 회복시키면 된다. 예를 들어 학창시절에 사용했던 교과서를 펼쳐 다시 한 번 들여다보자. 과거 배웠던 것들은 의외로 간단하게 생각이 난다. 그리고 이렇게 회복된 지식은 이번에는 그리 쉽게 잊혀지지 않게 된다.

그 지식을 재료로 새로운 테마나 목표를 향해 새로운 가능성을 찾자. 그것이 '생각한다'는 것이 아닐까.

🪑 우선 '상상의 날개'를 펼쳐보자

과거의 일을 떠올리기 위해서는 과거에 일어난 일의 가능성을 정리하는 것에서 시작하면 된다. 그럼 미래를 향해 생각하는 것은 어떻게 하면 좋을까.

다시 말해 공상에는 바람과 동경, 단순한 상상이 포함된다.

'○○와 같은 일이 가능하면 좋겠다.'나 '△△와 같은 일이 현실에서 가능하면 좋겠다.'와 같은 생각은 바람이다.

'저 사람 멋진데, 한 번 만나보고 싶다.', '알프스 산에 둘러싸인 아름다운 마을의 풍경을 동경한다.'

이런 동경도 바람의 일종이지만 간단히 말해 절반 정도는 이룰 수 없는 꿈의 일체화를 바라는 생각이다.

'만약 내게 날개가 있다면 어떻게 하늘을 날 것인가?'

'천국은 어떤 세상일까?'

등을 생각하며 이것저것 모습을 그려본다. 이것은 상상이다.

상상은 제약이 없다. 어디까지나 자신의 생각대로 자유롭게 상상의 나래를 펼쳐 무한대로 우주의 끝까지 펼칠 수 있다. 또 세포나 결정체와 같은 마이크로 구조의 깊숙한 곳까지 상상은 퍼져 나간다.

상상에는 크기나 거리의 제한조차 없다.

그것은 테츠카 오사무의 『우주소년 아톰』의 세계처럼 무한대에서 무한소까지 자유자재이다. 마치 비눗방울을 하나하나 하늘에 날리는 것처럼 자유로운 판타지는 상상력을 높이는 훈련도 된다.

하지만 이것을 '생각하는 힘을 높인다.'라는 목적과 연결하기 위해서는 공상에서 실현화를 향해 한 발 더 나아갈 필요가 있다.

미래를 상상하여 이상과 현실의 차이를 채운다

바람과 동경을 자신의 현실로 이루기 위해서는 어떡하면 좋을까. 마음속에 그린 세계와 자신의 현실과의 차를 어떻게 채우면 좋을까.

보통 현실을 이상에 가깝게 하기 위해서는 어떡할지를 생각한다. 이것도 하나의 방법이다. 하지만 이 방법은 대체로 이상을 향해 발돋움을 하고 만다. 혹은 겉으로만 이상에 이른 것처럼 꾸미게 된다. 하지만 발돋움을 한만큼 발목이 약해진다. 그러므로 무슨 일이 생기면 발목을 삐어 넘어지고 만다. 그리고 겉으로만 이상을 이룬 것처럼 꾸며도 속이 건실하지 않다. 뭔가에 걸리면 바로 무너져 버린다.

그것은 오페라나 연극을 상연하는 것과 같다. 무대 위의 세계는 언뜻 보면 화려해 보인다. 이것은 그 무대 뒤편에서 수많은 스태프가 열심히 땀 흘린 덕분이다. 스태프의 긴장이 풀리면 바로 상연 불능의 상태로 빠져든다.

마찬가지로 동화의 나라 디즈니랜드는 꿈의 세계로 보인다. 하지만 보이지 않는 곳에서 수많은 사람들의 땀과 노력으로 지탱하고 있는 것이다.

즉, 무대만인 오페라나 연극, 레저시설인 디즈니랜드도 비현실을 실현시키고 있는 가상의 세계이다. 그리고 이런 가상의 세계조차 치밀한 시나리오와 계산에 의해 연출된다.

그럼 당신은 현실과 이상 사이의 간격을 어떻게 메우면 좋을까?

그러기 위해서는 현실을 이상에 가깝게 하기보다 이상을 현실에 가깝게 하는 방법을 생각해 봐야 할 것이다.

그러기 위해서는 먼저 생각하는 힘을 빌리지 않으면 안 된다. 당신이 실현하고자 하는 것이 무엇인지 먼저 그것에 대해 깊이 신중하게 생각해야 한다.

이것도 저것도 실현하고 싶다고 생각하는 것이 아니라 실현하고 싶은 것 하나에 관해서만 가능한 자세하게 상상의 날개를 펼쳐 보는 것이다.

그것이 가능해지면 어떤 일이 일어날까, 무엇이 다시 시작될까, 누가 기뻐할까.

누구에게 가장 효과가 클까, 그것을 지속하면 앞으로 어떤 행복을 누구와, 누구에게 나눠줄 수 있을까.

플러스 지향의 상상은 장밋빛으로 넘쳐 더욱 더 넓게 펼쳐지는 것이다. 끝없이 점점 플러스 방향을 향해 상상을 구체적으로 묘사하자.

플러스 지향으로 상상을 하면 기운도 점점 넘쳐흐른다. 머리도 점점 활성화 된다. 이것은 생각하는 힘의 에너지원이 된다.

그 플러스 지향의 상상을 어떻게 미래로 연결할지 그것은 다음 장에서 살펴보자.

상상력을 '사고력'으로 바꾼다

> 산다는 것은 창조하는 것이다.
> (랍비 밀톤 스타인베르그)
> 미래를 알고 그것에 적응하도록 행동하는 것이 인간에게 가장 필요한 것이다.
> (랍비 이삭 아브라바넬)
> 바라는 일은 거의 일어나지 않지만 기대하지 않는 일은 자주 일어난다.
> (벤자민 디즈레일리)

미래의 문제점도 상상해 보자

이제 플러스 지향의 상상이 충분히 퍼졌으면 거기서 잠시 멈추자. 상상을 펼친 것만으로는 아직 생각했던 것을 이룰 수 없다.

이번에는 당신이 바라고 있던 것이 실현됐을 경우 어디선가 그것을 질투하거나 방해하려는 힘이 있을 수 있다는 것을 예상해 보자.

물론 실현된 모든 것이 원활하게 이루어지고 아무런 방해도 일어나지 않는다면 더 바랄나위가 없다.

하지만 현실세계는 모든 것이 무사고, 무장애, 무문제점일 수는 없다. 상상이라 여겼던 일이 현실로 실현됐을 경우에는 그런 문제점의 가능성도 사라진다. 그러나 실현된 후에 일어날지도 모르는 마이너스 상황에 관해서도 가능한한 상상해 봐야 할 것이다. 그것은 유익한 일이다.

그것이 실현된 다음 경우에 따라 어떤 사고를 예측할 수 있을까? 어떤 장애가 발생할 수 있을까, 만의 하나라도 타인과 잘못이 일어난다면 어떤 상황에서 문제점이 발생할까, 물리적인 고장과 장애는 어떤 것을 생각할 수 있을까.

인간을 상대로 만의 하나라도 사고가 일어난다면 어떤 사고가 일어날 수 있을까, 고장과 문제점, 손실은 어느 정도까지 늘어날까.

미래에 대해 마이너스 사태가 일어날 경우도 염두에 두자. 이것은 플러스 방향만을 지향하는 것과 마찬가지로 매우 중요한 것이며 미래에 마이너스의 힘이 작용했을 때 그에 대응할 준비의 마음가짐을 가르쳐주기 때문이다.

🏛 예상 밖이 아니라 예상을 빼먹은 것은 아닐까?

관공서나 단체의 불상사, 기업의 대 사건, 유락시설의 사고 등이 일어나면 조직의 대표가 흔히 다음과 같은 변명을 늘어놓는다.

"이런 불상사를 직원들 중에서 일으킬지는 상상도 하지 못 했습니다."

"이번 사건은 예상 밖의 일입니다."

"예상의 범위를 크게 초월했기 때문에 일어난 사고입니다."라고.

이것은 정말로 예상 밖이었을까.

사고나 문제점에 대해 처음부터 치밀하게 예상을 하지 않았기 때문에 일어난 결과는 아닐까.

예를 들어 금융기관 직원의 부정은 서구에서는 쉽게 일어나기 힘든 사건이다. 왜냐하면 종업원이 여름에 3주에서 4주간의 휴가를 가기 때문이다. 그 사이에 다른 사람이 그 업무를 담당한다. 그러므로 부정이 있다면 바로 발각된다.

그렇지 않더라도 서구의 금융관계 관리직은 강제적으로 3주간 이상의 휴가를 가게 돼 있다. 본인 부재중에 그의 업무를 감사監査하게 돼 있기 때문이다.

대조적으로 일본의 금융기관에서는 종업원은 부정을 하지 않는다고 처음부터 믿고 있다. 도둑은 외부에서 온 강도밖에 없다고 착각하고 있다.

그런 성선설은 좋은 것이다. 하지만 의심하지 않는다는 것에 착안하여 직원 중에는 부정의 손길을 뻗는 사람이 생겨나는 사태를 일으키게 된다.

일본에서는 금융기관도, 그 외의 기업과 공적조직도 상식 범위 안에서의 문제점만 예상하고 있다. 자신의 상식에는 없는 사고의 가능성에 대해서까지 감히 상상하지 않는다. 그 결과 사고나 문제점, 부정과 불상사가 지속되는 것은 아닐까?

안전성 신뢰도 99.999999%의 우주 비행기조차 예상외의 문제점이 일어나고 때로는 사고로 이어지기도 한다.

'예상 밖이었다.'라는 말은 생각할 수 있는 모든 위험성, 사고와 고장, 잘못의 가능성을 완벽히 점검하고 그래도 발생한 문제점일 때 말해야 할 것이다.

처음부터 그 이상의 것을 아무것도 예상하지 못 했던 경우의 문제점에 관해서는 "처음부터 문제점이 일어날 것을 염두에 두지 못 했습니다."라고 솔직히 준비가 부족했다는 것을, 또는 불민不敏하였음을 사죄해야 할 것이다.

🪑 이상을 실현하는 방법이란?

이제 이상적인 미래의 플러스 면과 일어날지도 모르는 마이너스 면에 대해 충분히 상상했다면 이번에는 이상적인 미래의 방향에서 현재를 향해 발상한다. 그렇게 하면 이상을 실현화하기 위한 수단이 명확해질 것이다.

알기 쉬운 예로 그 수순을 설명해 보자.

예를 들어 디즈니랜드에 가고 싶다는 바람이 있다고 가정하자. 한 마디로 '디즈니랜드'라고 하지만 실은 전 세계에 5곳이나 있다.

미국 캘리포니아 주 애너하임, 미국 플로리다 주 올랜드, 일본 치바현의 우라야스, 프랑스 파리, 그리고 중국의 홍콩.

이들 다섯 곳 중에 어느 디즈니랜드에 가고 싶은지 먼저 최종 목적지를 확실히 하지 않으면 안 된다. 그러기 위해서는 각 시설에 어떤 이벤트와 볼거리가 있는지, 호텔과 레스토랑은 어떤지 알지 않으면 안 된다. 그것은 여행 가이드북과 인터넷으로 알 수 있을 것이다.

입수한 정보를 바탕으로 어느 디즈니랜드에 갈 것인지 후보지를 물색하여 좁힌다.

다음으로 체제 비용이 어느 정도 들지 조사하지 않으면 안 된다.

최종적으로는 자신의 예산 범위 안에서 장소를 선택한다. 아니 정말 가고 싶은 곳이라면 예산을 초과하더라도 목적지를 그곳으로 결정하면 된다.

다음은 교통수단의 확보다. 자가용으로 갈 수 없는 곳이라면 열차나 버스, 혹은 항공기 예약, 혹은 승차권을 구입하지 않으면 안 된다. 또 목적지에서 숙박을 해야 할 경우에는 호텔의 예약도 잊지 말아야 한다.

그리고 목적지 시설의 입장권도 확보하지 않으면 안 된다.

목적지가 해외라면 여행사에서 티켓과 호텔 예약을 부탁하지 않으면 안 될지도 모른다. 게다가 국내의 디즈니랜드건 해외의 디즈니랜드건 만의 하나 일어날 사고나 병에 대비해 손해보험에 드는 것도 조금 안심이 될지도 모른다.

우선 회사에 휴가원을 제출해 휴가를 받는다.

자택에서 여행에 필요한 물품을 챙기고 출발 준비를 한다.

끝으로 디즈니랜드를 향해 드디어 출발한다.

그리고 최종적으로는 목적지 디즈니랜드에 도착해서 레저를 즐기고 처음 마음속으로 그렸던 꿈을 실현하는 것이다.

☶ 이상과 미래에서의 발상이 중요하다

즉, 이상과 바람을 실현시키기 위해서는 그 이상으로 여기는 바람의 내용을 먼저 구체적으로 묘사해 보는 것이다.

다음으로 이상에 도달하기 위한 조건과 생각할 수 있는 모든 것을 적어본다.

그 조건을 하나하나 비교하고, 음미하고, 심사해 어떤 조건을 만족시키면 자신이 그것을 달성시킬 수 있을지 조사한다. 만약 자신의 현재 능력으로는 도달할 수 없다고 깨달으면 자신의 현재 능력을 끌어올려 실력을 향상시켜 달성하는 방법이 있다. 최종적으로 필요한 조건에 맞는 상황을 만들어 그 목적을 향해 실제 행동으로 실천하는 것이다.

이것은 기업의 업무든, 개인의 생활설계든, 혹은 수험생의 진로선택이든 기본적으로는 모두 똑같은 절차와 과정이다.

어느 날 갑자기 이상에 가까이 다가가려면 실패를 맛보게 된다. 최종적으로 이상이 요구하는 조건에서부터 정리해 그것을 역순으로 자신과 가까운 것에서부터 하나씩 정리해 나가면 된다. 이상을 높은 산의 꽃이라고 포기하지 말고 높은 산의 꽃에 어울리는 자신으로 스스로를 개조해 나가면 된다.

러시아 작가 아시르 긴즈베르크는 히브리어어를 유대인의 표현 수단으로서 부활시킨 시오니스트(Zionist, Sioniste 유대 민족주의자) 중 한 사람이다.

그의 필명은 '아하드 암(민중 속의 한 사람)'이다.

그는 이렇게 말했다.

"이상이 높고 멀수록 영혼을 높일 힘이 강해진다."

이상이란 미래의 것이 아니다. 미래가 요구하는 조건에 걸맞도록 자신을 준비한다. 그렇게 하면 미래가 현실로 다가 올 것이며, 이상과 미래에 대한 발상이 당신을 바꿀 것이다. 그것을 당신이 실행하면 결국 당신은 '미래인'으로 변하는 것이다.

CHAPTER 6

두뇌
활성화의
힌트와 법칙

유대인의 사고방식에서
무엇을 배울 수 있을까?

그들은 읽으려고 하지만 생각하려 하지 않는다

스스로 생각하라

생각하는 것을 멈추는 것은 내게 있어 삶을 멈추는 것이다.

(살롬 야곱 아브라모비치)

많은 사람들은 생각하지 않기 위해 책을 읽는다.

(요셉 리히텐바움)

1인칭 부재의 일본

TV의 한 방송에서 평론가가 '최근 스스로 생각하지 않는 사람이 늘고 있다.'는 발언을 했다. TV나 만화 등 시각에 호소하는 미디어의 범람이 학생들의 학력을 저하시키는 원인이라고 말했다.

나는 그렇게 생각하지 않는다.

왜냐하면 '스스로 생각하지 않는 사람'이 있다는 문제는 최근에 불거진 문제가 아니기 때문이다. 학창시절 성적이 우수한 우등생 중에서도 그런 사람은 꽤 많았다. 기억력이 좋다는 것과 스스로 문제의 해결방법을 찾는 것은 별개의 문제다.

나는 여러 기업의 사원 연수를 맡아 왔다. 통상적으로 연수가 끝나면 수강생들이 수강 보고서와 감상문을 그 기업의 연수부에 제출한다. 몇 번 그 중 일부를 본 적이 있다.

그 보고서에는 대부분 강의 요점만 적혀 있다. 본인이 강의를 어떻게 받아들였는지를 적는 경우는 흔치 않다.

지식을 잘 요약하더라도 그것은 단순한 요약 작업에 불과하다. 자신과 연관 짓지 못 한다면 그 지식과 요약은 기억에조차 정착되지 않는다. 그렇다면 연수나 교육에 투입된 시간과 경비가 허사가 되기 쉽다.

감상문에는 '연수가 참고가 됐다.'라고 적혀 있지만 어떤 점이, 어떤 문제에 대해 참고가 됐는지까지는 적혀 있지 않다.

'참고가 됐다, 좋았다.'는 감상이 아니다. 단순한 평가다.

감상문이라면 그 연수를 받고 자신은 이런저런 것을 생각했다든지, 자신에게 있어 어떤 의미가 있었는지 등을 써야 할 것이다.

실제로 학교에서는 요약 기술이 좋으면 지식이 있는 것처럼 여겨 우등생 취급을 한다. 일본 학교에서는 그래도 별 상관이 없을지도 모른다.

우등생이 작성한 리포트는 이만큼 많이 배웠다고 자랑이라도 하듯 요점이 열거돼 있다. 하지만 무엇을 어떻게 배웠는지가 빠져 있다. 그것은 리포트 제출 의무를 완수한 것에 불과하다.

실제 사회에 나가서도 이렇다면 곤란하다. 그들은 과연 생각한다는 행위를 하고 있을까? 그 방향성이 어딘가 잘못돼 있다. 그들의 리포트를 읽어보면 그들의 사고에 '나는 이렇게 생각한다, 나는 이런 점이 의문이다, 나라면 이렇게 생각한다.'라는 주장이 결여돼 있다는 것을 느낄 수 있다.

즉 '나 자신은'이란 1인칭이 없는 것이다.

생각하지 않는 대학생이 늘고 있다

조금 오래된 이야기지만 어느 날 신문의 특집기사 '교육을 묻다'에 다음과 같은 기사가 있었다.

어느 대학 세미나에서의 일이다. "유럽 통합이란 무엇인가?"라는 과제는 사전에서 찾아 해결했다. 하지만 "유럽 통합은 구미 사회에 어떤 영향을 끼칠까?"로 자신의 견해를 논술하라고 하자 학생들은 우왕좌왕했다. "답은 어디에 실려 있나요?"라고 한 학생이 교수에게 질문했다. 그 질문에 교수는 당황했다고 한다.(니혼게자이 신문 2001년 1월 30일자 신문의 요약)

위의 기사는 사고력이 있는 학생이 줄었다는 것을 지적하고 있는 것이다.

생각하지 않는 젊은이는 바로 '정답'을 요구한다. 그들은 마치 장거리 경주를 완주하지 못 하고 단거리만 달려 입상만을 하려는 것과 같다. 아니 그들은 그저 골인을 해서 참가 증명서만을 받으면 그것으로 충분하다고 여기고 있을지도 모른다.

상장과 증명서가 취직에 도움이 될지 모르나 훈련이 힘든 럭비부에 들어가는 것보다 쉽고 편한 동아리에 들어간다. 그리고 마치 충실한 대학생활을 보낸 것처럼 취직 이력서에 적는다. 이것은 학력위조에 가까운 행위다.

만약 정말 생각하지 않는 학생이 늘고 있다면 글로벌 시대의 흐름 속에서 앞으로 일본 기업과 연구기관이 해외 기업과 연구기관과 대등하게 경쟁할 수 있을지 앞날이 크게 걱정된다.

🪑 안이한 어른들에게도 문제가 있다

원래 이런 풍조는 젊은이들에게만 국한된 것이 아니다.

일본 성인의 대다수도 간단히 답만 알려고 하는 경향이 있다.

무사고 신드롬의 젊은이가 많다는 것은 어른들의 해답 직행주의가 뿌린 씨앗의 수확물이다. 어른들도 과거 학창시절에는 답을 전부 암기하고 안이한 '경향과 대책'에 의존해 대학 시험시절을 거쳐 왔다. 그런 채로 어른들도 사회인이 됐다. 그래서 사회인이 돼서도 안이한 답에만 의존하는 것은 아닐까?

예를 들어 20년 정도 전에는 『유대인을 알면 세계가 보인다』라는 책이 베스트셀러가 된 적이 있다. 그 책은 일본의 불경기는 모두 유대인의 음모라는 판에 박힌 시점으로 본 논조의 내용이었다.

　당시 앞 다투어 그 책을 읽은 사람들 중에는 통상부와 재경부의 관료들이 많았다. 그들은 일본경제의 불황을 유대인의 세계적 음모 때문이라고 책임전가만 할 뿐 스스로 적극적으로 일본경제를 재건할 노력을 하지 않았다. 고통을 감수할 개혁은 아무것도 하지 않았다. 때문에 지금도 일본 경제는 계속해서 침체의 늪에서 허우적대고 있는 것이다.

베스트셀러가 일본인을 변하게 했을까?

　구로야나기 테츠코 씨의 자서전 『창가의 토토』가 전례 없이 베스트셀러가 된 일이 있다.

　하지만 그로 인해 일본의 학교 교육이 개선되지는 않았다.

　그저 일본 교육에 여유가 없다는 것을 반성하기는 했지만 결과적으로는 '여유'라는 명목의 방임, 다시 말해 개선이 아닌 개악改惡을 탄생시킨 꼴이 됐다.

　이자야 벤다산(Isaiah Ben-Dasan)의 문명비판론 『일본인과 유대인』이 베스트셀러가 된 적이 있는데, 이 책이 유명해진 것은 일본인은 공기도, 물도, 방어도 무료라고 생각하고 있다는 지적 때문이다.

　그것은 처음에 통산부 관사 안에 있는 서점에서 팔기 시작해 결국 각 부처에서 화제가 됐고 결국 전국에서 베스트셀러가 된 책이다.

하지만 일본 정부의 공기 대책, 물 대책, 방어 정책은 크게 변하지 않았다.

에드워드 데 보노(Edward De Bono) 저 『수평사고의 세계』도 베스트셀러가 됐다. 하지만 아직도 일본인의 사고는 수직사고 상태다. 그것도 하늘에서 내려온 거미줄 하나를 의지한 채로 하늘만 의지하는, 혹은 신만을 바라보는 사고이다.

베스트셀러라 불리는 명저를 읽어도 그 책에 감화되는 것이 아니다. 흡수하지도 않는다. 신체로 비유한다면 소화기인 위장 없이 식도만 있는 상태다. 식도뿐인 지식 인간, 그것이 일본의 어른들인 것이다.

🪑 사고 훈련이 되어 있지 않은 일본

일본에서는 수십만, 수백만의 사람들이 한 권의 책에 달려들어 빠짐없이 읽는다. 읽기는 하지만 읽고 나서 아무런 변화가 없다.

이 국민들은 지식을 원하기는 하지만 지식을 비료삼아 스스로 성장하고 스스로 변화하려 하지 않는 듯이 보인다. 요컨대 비료는 필요하지만 비료를 이기지 못 하는 농지와 같다.

일본인은 메이지유신 이후 수많은 책을 읽었다. 하지만 기본적으로 일본인의 사상도, 사고도 거의 변하지 않았다. 후쿠자와 유키치의 『학문의 권유』조차 아직까지 실천하지 않고 있다. 이 책은 독립과 자존을 위해 실학의 중요함을 설명하고 있다. 일본인의 실태는 대체로 헛배우고, 잘못 살고 있다.

그들은 읽으려고 하지만 생각하려 하지 않는다. 서양을 닮으려 하지만 서양적 사고, 다시 말해 스스로 의문을 가지고 스스로 행동하고, 스스로 발언에 책임을 지는 경우는 없다.

젊은이들의 선배인 우리 어른들이 이런 모습이니 쉽게 요즘 젊은이들을 책망할 수는 없을 것이다.

소크라테스, 칸트, 니체도 그 시대의 문제와 자신들의 생각을 표현했지 타인이 한 말에 대한 해석은 거의 하지 않았다. 대조적으로 일본 지식인은 그것이 자신의 생각인 양 외국의 사상을 인용해 그것을 기준으로 세상의 동향을 비평한다. 문학의 경우 서구 사람들의 논문과 문헌을 번역하는 것이 대학에서의 연구라고 생각하는 경향이 있다.

단 이공계, 의학의 연구 분야에서는 해외의 정보가 밀려들어오고 일본에서도 수많은 정보를 발산하고 있다. 외국의 모방만으로는 최첨단 연구에서 뒤쳐져 버린다. 그러므로 이공계 분야에서는 국제적으로 통용하는 연구가 다수 진행되고 있다. 이공계 분야에서만은 앞으로도 일본은 유망하다.

생각하지 않는 대학생이 늘어나는 것에 대하여 말하자면 문제는 학생들의 사고력 저하만이 아니라 오히려 학생에게 사고 하는 교육을 가르치지 않은 교사에게 문제가 있다. 그것은 단순히 초·중·고 교사가 학생들에게 생각하는 교육을 가르치지 않았다는 것만이 아니다. 초·중·고 교사를 육성한 대학의 교수 또한 학생들에게 사고하게 하는 교육을 가르치지 않았다는 것을 깨달아야 할 것이다.

더 나아가 대학 교수는 대부분 교수법의 지식도 기술도 훈련되지 않은 채 교단에 서 있다. 이것이 가장 근본적인 문제일지도 모른다.

생각하는 4단계란?

말하기 전에 당신의 말을 선택하라.
(데레프 에레츠),
말하지 않으면 사람의 아이디어는 죽고 그 정신은 정지하며 그 감성은 낮아진다.
(랍비 모세 이븐 에즈라)

지금까지 내 학문 탐구를 뒤돌아 볼 때 인생이라는 넓은 의미에서 '생각한다'는 작업을 가장 철저하게 경험했던 4단계에 대해서 설명해 보기로 하자.

📺 제1단계
생각하기 위한 기본적 지식과 힌트를 어떻게 파악할까?

나는 예루살렘 히브리어대학의 성서학과에서 교육 받았는데, 거기서는 전공분야에 대해 포괄적·종합적으로 현존하는 모든 지식을 습득할 것을 학생들에게 명령한다. 그것은 일종의 스파르타식 훈련이었다.

그리고 해마다 해박한 지식을 가지고 있는지를 테스트하는 '베키우트'라는 시험을 치른다. 그래서 성서 전체를 3분의 1로 분할해 그 내용을 파악해 두지 않으면 안 된다. 또한 전문 분야별로 일류 학자가 집필한 기초적 저서를 광범위하게 지정해 미리 독파讀破하지 않으면 안 된다.

그것을 어느 정도 이해하고 있는지 전 학생을 대상으로 일제고사를 본다.

전체의 3분의 1이라지만 전부 암기하고 있는지도 테스트한다. 나같은 외국인도 히브리어에 미숙하다고 해서 예외를 두지 않는다.

덕분에 스스로 성서를 원서로 읽는 습관과 해설서 없이 전문서적을 읽는 요령도 익혔다.

제2단계
자신에게 생각하는 과제를 낸다

이것은 뉴욕의 유대신학대학원에서 체험했다.

학생의 지적 도달 레벨과 관계없이 교수는 일방적으로 게다가 수시로 과제를 던진다. 그렇기 때문에 수업 테마에 관계가 있는 것을 미리 조사해 자기 나름대로 생각을 정리해 두지 않으면 즉시 대응할 수 없다. 적어도 종교에서 다룰 가능성이 있는 것에 대해서는 자신의 생각을 정리해 두지 않으면 강의 내용을 따라갈 수 없다.

자신의 의견이 없는 학생은 탈락하게 되고, 자신의 의견이 있는 학생은 한층 더 높은 성과를 얻을 수 있다.

내가 히브리어대학을 졸업했다고는 하지만 유대교도도 유대인도 아니다. 하지만 미국 유대신학교는 유대교의 교사를 양성하는 기관이므로 학교에서의 강의 주제는 모두 유대교에 관련된 것뿐이다. 내가 유대교를 잘 모른다는 변명은 통하지 않는다.

변명을 하려면 처음부터 입학을 하지 않았어야 한다. 입학한 이상 스스로 지식을 구하고 과제에 도전해 유대인 학생과 똑같이 연구할 수밖에 없다. 아주 좋은 경험이었다.

제3단계
스스로 의문을 품고 문제를 발견하고 해결법을 조립한다

박사 과정을 수료하고 드디어 박사 후보생이 되려고 자학, 자습, 자립하는 과정에서 새롭게 통감했다.

그 때문에 장대한 원전 속에서 자신의 테마를 찾지 않으면 안 된다. 그러기 위해서는 끝이 없을 것 같은 원전을 먼저 읽지 않으면 안 되었고 유대 현학들의 여러 가지 논의 속에서 의견의 대립, 모순, 반론과 공감 그리고 그들의 생활환경과 시대, 사회변화와 같은 요소에 유의하면서 스스로 테마를 찾아가는 것이다.

 제4단계
자신의 말로 자신의 생각을 기술한다

학위 논문을 작성할 때 가장 어려웠던 것은 원전을 읽는 것보다 거기서 얻은 지식을 재구축해서 자신의 생각을 어떤 말로 표현하고 어떻게 자신의 시점을 명확하게 전달하는가였다.

예를 들어 '효과적'이라는 것을 나타내는데 영어로는 effective, effectual, efficient, efficacious와 같이 단어가 네 가지나 된다.

effective	효과가 있는 것.
effectual	효과성을 기대할 수 있는 것.
efficient	효과가 좋은 것.
efficacious	특정의 효과가 있는 것.

어떤 단어를 선택하느냐에 따라 뉘앙스가 미묘하게 달라진다.

아주 적은 의미의 차이에도 주의해서 문장을 엮어 가는 데 신경을 쏟았다.

어떤 말을 선택할지에 따라 생각은 얕아지기도 깊어지기도 한다. 자신의 생각을 표현한다는 것은 최종적으로는 용어의 음미, 용어의 선택에까지 주의해야 하는 것이다.

'질문'을 하는가?

> 인간의 놀랄 만한 성질은 질문하는 것이다.
> 〈랍비 슈모로 이븐 가비로르〉
> **질문을 두려워하지 않는 자는 결국 위대해진다.**
> 〈탈무드 '베리홋트'편 (63)〉

강연회에서의 질문은 정확한가?

일반적으로 일본인은 질문에 서툴다. 연구회나 강연회 등에서 강연자의 발표 후 질의응답의 장면에서 그런 모습을 흔히 볼 수 있다.

회장에서 질문자가 일어서서 천천히 질문을 시작한다. 그러나 대부분은 질문자 자신의 의견을 진술하는 데 불과하다. 그것도 장황스럽게 자신의 생각을 열거하고 나서 마지막에 자신의 의견을 어떻게 생각하는지 발표자에게 질문한다. 이것은 자신의 의견에 대해 동의를 구하는 것에 불과하며 강연과 발표 내용에 관한 질문이 아니다.

바꿔 말하자면 질문자는 질문이라는 이름을 빌어 '자기주장'을 하고 싶은 것이다.

왜 이런 일이 자주 일어날까?

첫째 원인은 일본인 대부분이 질문이란 어떤 것인지를 인식하고 있지 않기 때문이다.

단순히 '묻다'라는 것을 질문이라고 여기고 있다. 영어에서는 어떻게 묻는가에 따라 ask, inquire, query, question, interrogate로 나눠서 말한다.

ask	사람에게 의견이나 정보를 묻는 것.
inquire	사실을 조회하기 위해 묻는 것.
query	권위 있는 답변을 원하는 것.
question	일련의 주장에 대해 질문을 이어나가는 것.
interrogate	체계적으로 사실 관계를 명백히 하기 위해 묻는 것. 즉 심문이다.

강연회 등의 마지막에 '누구 질문 있으신 분?'이라고 하는 것을 영어로는 'Is there anyone who wants to ask a question?'라 한다. 강연 내용에 관한 질문이란 의미이다.

강연 테마에 관련된 내용을 묻는다. 이것은 청중이 갖춰야 할 예의다. 적어도 "이것은 강연 내용과 직접 관계는 없지만 괜찮으시다면 의견을 듣고 싶습니다."라고 미리 양해를 구하고 발언하길 바란다.

두 번째 원인은 상대의 발언 내용을 충분히 이해하고 있지 않기 때문이다. 좀 더 솔직히 말하면 상대의 말을 전혀 이해하지 못 하고 있다는 것이다.

말한다는 것은 상대와 동등한 지식이 있고 나서야 이해관계가 성립된다.

강사의 말을 이해하지 못 한다면 이러이러한 점을 모르겠다고 솔직히 질문하면 된다.

하지만 일본인의 대다수는 자신의 무지를 드러내는 것이 창피해서 모르는 부분에 대해 "다시 한 번 가르쳐 주세요."라고 부탁하지 않는다. 이것은 정말 아쉬운 점이다.

역으로 아는 척하고 짧은 지식으로 분석한 의견을 발설하려고 한다. 자신의 존재감을 어필하려고 하는 것이다. 이것은 주변 사람들의 입장에서 보면 착각, 더 나아가 뻔뻔스럽게 여겨질 것이다.

질문하지 않는 전통이 일본에는 있다

원래 일본에는 질문하는 문화가 없다.

그 증거로 영어처럼 의문문에서 동사가 앞에 나와 "이제 질문을 하겠습니다."하는 의사표시가 없다. 겨우 이야기 말미에 어미의 억양을 듣고 억양이 올라가는 것 같으면 "이게 질문이었구나" 하고 깨닫게 된다.

유치원에서 시작해 초·중·고와 대학교까지 전부 일방적으로 주

입시키는 것이 일본의 교육풍토이다. 일본인은 선생님에게 배운 것을 흉내 내는 것이 공부라고 여기고 있다. 대학도 마찬가지다. 교수의 일방적인 강의를 신기한 듯 경청하는 것이 학생의 의무이다. 강의 도중에 질문하는 학생은 거의 찾아볼 수 없다.

대학원에서는 교수의 지시, 명령에 조용히 복종하는 조수나 학생만이 상아탑에서의 경력과 미래가 보장된다. 오히려 질문이 많은 학생은 밀려나게 된다.

그러니 교수의 가르침에 이견을 제시하거나 의문을 품는 학생은 연구실에서 추방되기 십상이다. 교수의 가르침을 비판하는 자는 학교 내에서도 눈총을 받게 된다.

일본의 전통예술에서는 제자가 스승의 예풍藝風을 따라 모방할 것을 강요한다. 모든 걸 전수 받고 사범이 돼도 그 전통에서 벗어나는 것은 용납되지 않는다. 즉 '틀'을 모방하는 것이 일본의 전통인 것이다. 그러므로 '틀'에 맞추는 것이 교육이라고 오해하고 있는 것 같다.

즐겁지 않은 학교, 즐거운 학교

선생님에게만 배운다는 것은 수동적이고 즐겁지 않다.

시험 삼아 사람들에게 "학창시절은 즐거웠나요?"라고 물어보라.

대부분 "네, 즐거웠습니다."라고 답변할 것이다.

"그럼 수업이 즐거웠나요?"라고 다시 물어보라.

그러면 "아니요, 즐거운 건 방과후 시간이나 휴일에 친구들과 함께 지낼 때였습니다."라는 답변이 돌아올 것이다. 수업은 수동적으로 가르침을 받는 것이라 즐겁지 않았을 것이고, 자신들이 자발적으로 행동하고 보낸 시간이 즐거웠던 것이다.

최근 학교교육의 질 저하를 외치고 있는데 결국 그 원인은 일방적인 수업에 있는 것이다.

문교부나 교육위원회가 일방적으로 정한 지도방침에 따라 교사도 그 제약 속에서 시간을 할애한다. 교사가 수동적이라면 학생 또한 수동적이 될 수밖에 없다. 이래서는 학교생활이 재미 있을 리 없다. 즐겁지도 재밌지도 않은 수업은 제아무리 계속한다 해도 학생의 학력이 향상되지 않는 것은 당연하다.

어린 학생들의 자주성을 좀 더 이끌어내는 교육방법을 연구하지 않으면 안 된다.

하지만 그것이 꼭 '여유'를 부여하는 것은 아니다. 오히려 반대다. 바람직한 것은 여유 없는 장시간의 수업으로 구속하는 것이 아니다. 수업 시간이 짧더라도 학생 스스로가 남는 시간을 제대로 활용하지 않으면 안 될 정도로 많은 과제를 부여하는 것이다.

과제를 학생 스스로 연구하고 답을 찾게 한다. 이것이 현재 문제시 되고 있는 것이 아닐까?

우리 세대는 한 반에 60명. 중학교 수업은 국, 영, 수, 사, 과, 기, 가, 음, 미, 체로 약 10과목이다. 그래도 누구 하나 여유가 없다고 불만을 토로하지 않았다.

교사도 좁은 교무실에 불만이 없었고 오히려 과도할 정도의 생존 경쟁이 학생과 교직원의 하고자 하는 의지를 끌어 올렸다.

학교가 끝나면 학원에 다니는 등의 쓸데없는 일도 하지 않았다.

학교를 최대한 긴장감 넘치는 장소로 만드는 것이야말로 아이들을 위한 선물이 아닐까.

♟ 스스로 생각하게 하는 유대의 교육

서양에서는 학생들의 의욕을 끌어내기 위해 연구 과제를 내준다. 초등학교 4학년 때부터는 어려운 과제를 산처럼 많이 내주기 시작한다. 그것도 매일. 이것을 제대로 완수한 학생만이 드디어 상급 엘리트 코스로 진학하게 된다.

그러나 서양 사회에서도 유달리 수재가 많은 유대인들의 학교 교육 방법은 일반 공립학교와는 다르다.

저학년 때부터 소수 그룹의 편성과 토론모임을 진행시킨다.

한 반이 25명을 넘는 일은 없다. 한 명의 교사가 돌보고 감독할 수 있는 학생수는 많아야 25명 전후이기 때문이다.

과제 연구는 5~6명의 그룹으로 학생들이 토론을 하면서 진행한다. 스스로의 힘으로 생각하고, 스스로 의문을 품고, 서로 질문을 나누며 자신들의 답을 찾아가면서 작업을 진행해 나가는 방식이다.

스스로 과제를 풀어나가므로 선생님이 강제로 시킨다는 느낌을 받지 않는다. 학생들끼리 서로 도우며 진행해 나간다. 과제를 완성시키기까지는 힘들어도 자신들이 해냈다는 성취감과 만족감이 동반된다.

교사는 처음에 과제의 배경과 개요를 설명하기만 하고 작업의 진행과정을 바라볼 뿐이다. 조언은 해줘도 해답을 주지는 않는다.

유대인 학교에 있어 교사의 임무는 학생들이 생각할 자료를 제공하고 학생들에게 그들 스스로의 힘으로 무엇이 문제인가를 깨닫게 해 그들 스스로의 힘으로 답을 발견하게 하는 것이다.

♟ 질문하면 우선 칭찬한다

기원전 1세기 초 예루살렘에 히렐(Hillel)이란 예언자가 있었다. 히렐은 유대 최고 의회 산헤드린(sanhedrin)의 의장을 할 정도로 지위가 높은 인물이었다.

하지만 무지한 서민이라도 의문점이 있으면 그의 집 대문을 두드렸다. 그는 언제나 명쾌한 답을 내렸다. 그에 관한 다음과 같은 에피소드가 남아 있다.

어느 날 한 남자가 찾아왔다.

"선생님, 질문이 있습니다."

"뭐든 물어보게."

"선생님, 바빌로니아 사람의 머리 모양은 어째서 긴가요?"

"아주 대단한 질문이군. 그건 그 나라에 우수한 조산부가 없기 때문이지."

몇 시간 후 남자가 다시 찾아왔다.

"선생님, 질문해도 됩니까?"

"물론, 당연하지."

"그럼 아프리카 사람들의 발은 왜 넓지요?"

"아주 대단한 질문이군. 아프리카에는 초지가 많아. 초지를 걸을 때는 넓은 발바닥이 편리하기 때문이지."

히렐은 웃는 얼굴로 대답했다. 남자는 납득을 하고 돌아갔다.

언뜻 어리석어 보이는 질문에도 '아주 대단한 질문이군.(You asked a big question)'이라고 질문자의 질문을 칭찬한다. 그것이 히렐의 위대한 점이다.

질문의 내용과 상관없이 일단 질문한 것을 높이 평가하고 있다. 이런 풍토가 유대인의 호기심을 조성하고 그들의 지식 욕구를 장려해 그것이 유대인 전체의 문화 수준을 높여 온 것이다.

독창성 있는 발상과 행동을 하라

> 교사의 임무는 사람들을 해방시키고, 스스로 생각하게 하고, 협동하게 만드는 것이다.
> (랍비 스테판 와이즈)
> 스스로 세세한 것까지 숙달되지 않은 것을 대중 앞에서 말하지 마라.
> (세데르 엘리아프 라바 14장)

유대인은 정말로 우수한가?

섬유산업과 관계가 있는 한 상장 기업의 회장과 차를 마실 때 유대인 이야기가 화젯거리가 됐다. 회장은 이렇게 질문했다.

"섬유산업계에는 유대인이 많습니다. 특히 양모 업계는 유대인이 대부분입니다. 그런데 그들은 어떻게 해서 그렇게 우수할까요? 전 세계에 1500만 명 정도밖에 되지 않는데, 미디어나 영화산업 등을 거의 그들이 장악하고 있고 노벨상 수상자도 30% 정도가 유대인이라고 하잖아요. 노벨 경제학상은 50% 가까이가 유대인인데 비결이 뭘까요?"

미리 말해두지만 유대인 모두가 우수한 건 아니다. 평범한 사람도 많다. 현대라는 시대적 상황이 유대인의 재능을 발휘하는 데 적합한 시대로 변했다고 할 수 있다. 어쨌거나 인종차별 없이 수상 대상을 선택하는 노벨상은 유대인 과학자도 상을 받을 수 있게 돼 더욱 눈에 띄게 된 것이다.

19세기 전반까지는 자연과학 분야에서 업적을 남긴 저명한 과학자들 사이에서 유대인을 별로 볼 수 없었다. 하지만 19세기 후반에 들어서 전자파를 증명한 헤르츠, 광파를 발견한 마이컬슨(Albert Abraham Michelson), 콜레라균·탄져균을 발견한 코흐(Rober Koch), 살바르산(salvarsan)을 발견한 에르리히(Ehrlich), 그리고 20세기에 들어서는 양자론의 보어(Niels Bohr), 상대성 이론의 아인슈타인, 비타민의 발견자 훈크(Walther Emanuel Funk), 항생물질을 개발한 스토랩토마이세스의 왁스먼(Waksman), 레코드 발명자로 훗날 헬리콥터 연구와 개발에 몰두한 베를리너(Berliner) 등 계속해서 유대인의 이름이 등장하기 시작했다.

경제 분야에서는 19세기 로스차일드(Rothschild, Nathan Mayer) 재벌, 경제학의 리카도(Ricardian equivalence), 공산주의 사상의 마르크스를 시작으로 금융업계와 경제, 경영의 분야에서 유대인의 활약이 눈부시다. 특히 일본 기업경영자에게 있어서 드러커(Peter Ferdinand Drucker)는 경영의 신으로 높이 추앙받고 있다.

하지만 유대인이 유대인이라는 것을 감추지 않고 행동할 수 있게 된 것은 1960년 미국에서 인종차별이 철폐된 이후의 일이다. 일례로 콜롬비아대학에서는 유대인 입학 정원을 20%로 제한하고 있었다. 1972년에 유대인 정원을 철폐하자 유대인 입학생이 신입생의 절반 이상을 차지하게 됐다.

히브리어와 유대인

회장님은 내게 다시 물었다.

"유대인 정원을 철폐했더니 유대인 학생 수가 많이 늘었다는 것은 역시 유대 민족이 우수하기 때문 아닌가요?"

"아니오, 그들이 민족적으로 우수한지 어떤지는 잘 모르겠습니다. 상대적으로 우수하다는 기준에 유대인이 모여 있을 뿐입니다."

"그렇다면 뭔가 그럴 만한 비밀이 있지 않나요?"

나는 다음과 같이 대답했다.

비밀은 없다. 단지 그들의 공용어인 히브리어를 다른 사람들이 읽지 못 한다는 것뿐이다. 히브리어는 이미 기원전 6세기경부터 그들의 일상어가 아니었다. 그 대신 사람들은 당시 메소포타미아의 세계어인 아람어*를 사용하기 시작했다.

그들은 중요한 문서를 히브리어로 기록하

아람어 : 기원전 10세기부터 기원전 8세기에 걸쳐 서아시아에서 널리 쓰였고 페르시아 제국의 공용어였다.

였고, 탈무드의 중요 핵심 부분도 히브리어로 썼다. 유대인의 결혼 서약서도 히브리어로 작성한다.

이후 중세에서 근세에 걸쳐 스페인의 유대인들은 스페인어의 구조에 히브리어 단어를 조합한 독자적인 라디노(Ladino)라는 언어를 발전시켰다. 동구 유럽의 유대인은 독일어 구조에 히브리어 단어를 많이 섞어 쓴 이디시어를 쓰게 됐다. 중세에는 아라비아어로 글을 쓴 학자도 있다.

유대 사회의 공적 문서나 사회생활, 종교규범에 관한 문헌은 항상 히브리어로 남겨 왔던 것이다.

그리고 유대인 사회 속에서 일관되게 중요시 된 것은 제자 교육이다. 중세 유럽에서는 수도원의 수사조차 제대로 문자를 읽지 못 했고 그리스도교 사회 전체 중 글을 읽는 사람은 1할도 되지 않았다. 하지만 유대인 사회에서는 적어도 남성의 99%가 글을 읽을 수 있었다. 성서나 기도서를 읽지 못하면 유대교의 예배에 참가할 수 없었기 때문이다.

그런 높은 교육 수준의 전통이 어쩌면 우수한 유대인을 배출시킨 원인이 됐을지도 모른다.

일본은 메이지유신 이후 급속도로 서양문명을 흡수해 아시아 국가중에서도 가장 빨리 근대화를 달성할 수 있었다. 그것은 무사 계급 중 일부가 난학(蘭學 네덜란드 어)을 통해 서양 지식에 물들기 시작했기 때문일 것이다. 하지만 그보다도 에도시대 이후 서당 등에서 서민들의 교육 보급이 가능했던 것이야말로 근대화를 앞당긴 원동력이라 하겠다.

🪑 유대인의 뿌리박힌 '창신 콤플렉스'란?

일반인의 교육 수준이 높은 것만이 유대인에게서 볼 수 있는 독창성 빛나는 인물군의 배출과 연관 있다고는 할 수 없다. 유대인은 교육이란 어떤 것인가를 숙지하여 자각하고 진행시켰다. 즉, 개개인에게 독자적으로 생각하게 하고 그 위에 사회 전체를 위해 협동해서 행동할 수 있는 인물 육성을 교육의 목적으로 삼아 왔다.

교사가 가르친 것 전부를 통째로 암기하고 받아들였다고 해서 우수한 학생이라고 평가할 수 없다. 100점 만점을 받는다고 해도 그것은 단지 우등생에 지나지 않는다. 배운 것을 100% 기억한다. 그것은 단지 기억력이 좋은 것에 불과하다. 물론 기억력이 좋다면 더할 나위가 없다. 기억력은 60%~70%라도 좋으나 교사가 가르친 내용이 아니더라도 자신의 독자적인 의견이나 생각을 덧붙이는 것에 유대에서는 인물 평가의 기준이 되는 것이다.

유대인끼리는 일본인에게는 없는 인사 표현법이 있다.

보통은 '샬롬!(당신에게 평화를!)'이다. 일본어의 '곤니치와(안녕하세요)'에 해당한다. 또 하나의 인사법은 '마 하닷슈?(What is new to you?)'이다.

당신은 어떤 새로운 일을 했는가? 어떤 새로운 발상을 발견했는가? 최근 당신 주변에 새로운 일은 무엇인가? 그렇게 서로 묻는 것이 유대인 사회의 관례이다.

어떻게 남과 다른 견해나 접근 방법을 발견할까? 그들은 항상 그런 강박관념에 사로잡혀 있다. 결국 '참신 콤플렉스'라고나 불러야 할까?

그들은 타인을 모방하는 것을 싫어한다. 가령 남의 기술과 연구를 참고로 하더라도 그 위에 '어떻게 독창성을 더할까?'하는 것을 생각한다.

어떻게 하면 독창성 있는 발상을 할까?

하지만 '독창적인 발상'이라고 말하기는 간단하지만 실행하기는 쉽지 않다. 그럼 어떡해야 좋을까.

무슨 일이든 항상 눈앞의 현상에 대해 의문을 품는 것이다. 눈앞의 현실이나 사건, 사실에 대해 그 전체를 몇 번이고 점검해 보는 습관을 키우는 것이다. 그것이 가능성 있는 모든 것을 망라하고 있는지를 확인해 보는 것이다.

'예외 없는 법칙은 없다.'고 한다. 이 말을 처음 한 것은 서기 3세기의 랍비 요하난이란 유대교 학자이다. 그는 '법칙을 통째로 받아들여서는 안 된다. 예외 없는 법칙은 없기 때문이다.'라고 가르쳤다. 법칙에 국한되지 않고 선생님의 가르침에도 그것이 적용 가능한 범위는 어디까지인지를 한 번 생각해 보자는 의미이다.

최신 기계를 구입하면 그 기계로 할 수 없는 것은 무엇인지 설명서에 적혀 있지 않더라도 가능한 것은 무엇인지를 조사해 본다.

예를 들어 일본 항공 자위대는 미국에서 전투기를 구입하면 그 라이선스 계약에 얽매여 전부 그대로 사용하기만 한다.

그런데 이스라엘은 미국에서 팬텀 전투기를 구입하면 중동의 사막에서 시험비행을 몇 번이고 거친 후 1년도 채 되지 않아 200군데 이상을 개량해 버린다. 기존의 성능은 계약으로 제한을 받지만 신규 개량한 부분은 이스라엘 군에 특허권이 있다. 이번에는 개량된 기능을 사용하기 위해 미국이 이스라엘에 특허권 라이선스를 사게 된다.

훈련보다 경험하게 하라

이런 이유 때문에 이스라엘 군은 실전경험이 풍부하다.

이스라엘은 전쟁이 발발하면 국가의 존망이 걸려 있으므로 모의훈련에서도 실전처럼 연습에 힘을 쏟는다. 언제나 온몸으로 부딪혀 감을 익히게 한다. 틀에 얽매인 훈련은 입대 직후의 초년병 시절 반년 정도다. 나머지는 경험을 쌓게 한다.

여러 가지 경험을 시키면서 스스로 노력하는 우수한 사병 중에 부사관, 장교를 발탁한다. 학력만으로는 장교가 될 수 없다.

그것은 군대뿐만 아니라 이스라엘 대학과 기업에서도 마찬가지다. 훈련을 해서 엘리트를 키우는 것이 아니다. 과제를 주고 그것을 독자적으로 생각하고 연구해 과제를 완수하는 사람을 발탁한다. 그런 사회 시스템이다.

이것은 일본의 순차적 승진과 다르다. 순차적 승진은 인재가 정체되고 사기도 침체돼 버린다. 일본에서 이스라엘 식의 발탁을 한다면 10명을 추월했다는 등이 화제가 될 것이고 주변으로부터 부러움과 질투 때문에 부작용이 일어날 것이다. 하지만 이스라엘을 포함한 유대인 사회에는 근본적으로 추월하고, 추월당하는 식의 발상이 없다.

유대인 사회에서는 학력과 경력만으로는 명성을 얻을 수 없다. 당신이 무얼 할 수 있는가? 당신의 실력과 그 독창성만이 가치를 결정하는 것이다.

만약 당신이 아직 경험하지 못 한 일이라면 실제로 행동하고 그것이 가능하다는 것을 증명하면 된다. 그러고 나면 명성과 평가가 따른다. 유대인들은 그렇게 생각하고 있다.

시험에 유용한 두뇌 활성화란?

시험이란 최선의 준비를 한 자라도 마음을 놓을 수 없다. 왜냐하면 가장 현명한 자가
대답할 수 있는 것 이상의 것을 가장 어리석은 자가 물을지도 모르기 때문이다.

(찰스 카레브 크로스톤)

101번 복습한 자는 100번 복습한 자와 비교가 되지 않는다.

(탈무드 '하기가편 9)

즐겁게 배운 공부만이 제대로 몸에 밴다.

(탈무드 '아보다 자라편 19)

🪑 두뇌 활성화는 시험에 도움이 되지만……

그런데 두뇌 활성화라는 것은 시험 합격을 위한 트레이닝과 떼려
야 뗄 수 없다.

이 책이 시험 합격을 위한 책은 아니지만 두뇌를 활성화시켜 합격
률을 높이는 것은 사실이다. 따라서 나름대로 '시험'이라는 것에 대

해 정리해 보기로 하자.

때때로 사람들에게 이런 질문을 받는다.

"어떡하면 시험에 붙을 수 있지요?"

순간적으로 꽤 당돌한 질문이라고 생각한다.

이렇게 당돌한 질문을 하는 걸 보면 그는 시험에 자신이 없어 보인다. 가능한 쉬운 방법으로 시험에 합격하고 싶을 것이다. 아니면 준비가 충분하지 않거나.

하지만 이런 질문을 하는 사람은 대부분 시험이 무엇 때문에 있는지를 오해하고 있다.

시험은 수험생을 합격시키기 위한 것도, 자격을 부여하기 위한 것도, 낙제시키기 위해 존재하는 것도 아니다. 시험은 합격을 위한 것이라거나, 자격 인정을 위해 행해지는 것이라는 식으로 생각한다. 따라서 거기서 벗어날 방법이 없는지, 최단거리로 합격하는 방법은 없는지 등과 같은 염치없는 자들이 속출한다.

시험은 합격 가능한 사람을 위한 것이다. 즉 지식도 기술도 충분히 합격 기준에 도달해 있는 사람을 위한 것이다.

준비가 덜 된 사람을 위해 시험이 존재하는 것도 아니다.

그렇다고는 하지만 어떻게 하면 시험에 합격할지 연구해 두지 않으면 안 되는 과제이기도 하다.

사원에게 각종 자격증을 따게 하지 않으면 안 되는 경우도 있을 것이다. 기업으로서 국제 기준의 인증 심사에 합격하지 않으면 안 되는 경우도 있을 것이다. 또는 당신의 아이와 가족의 입학시험 등도 있을 것이다.

그때 어떻게 하면 합격할 수 있는지를 적절히 가르쳐 주고 조언해 줄 필요도 있을 것이다.

그래서 나의 지금까지의 경험을 토대로 시험 합격을 위한 여러 조건을 다시 살펴봤다.

🪑 합격 비율에 신경 쓰면 안 된다

첫째, 시험이라는 것은 앞서 말했 듯이 합격 가능한 사람을 위한 것이다.

실제로 입학 시험과 사법고시 등의 경우 경쟁률 몇 백 대 일이라는 식으로 정말 어려운 듯이 얘기하고 있다.

하지만 경쟁 비율이란 것은 단순한 눈속임에 불과하다.

제아무리 경쟁률이 높더라도 합격 기준 이상의 실력이 있는 사람은 비율과 관계없이 합격한다. 다른 한편으로 아무리 경쟁률이 낮더라도 합격 기준 이하의 사람은 어쨌거나 불합격이 된다.

합격 기준 주변에 있는 사람들만이 경쟁하고 있는 것이다. 다시 말해 경쟁 비율이란 건 합격 선상의 사람들끼리만 서로 경쟁하는 것에 불과하다.

하지만 실력이 있는 사람이라도 시험 날 몸의 상태가 나쁘거나 정신적인 스트레스로 상태가 좋지 않을 수도 있다. 실력이 충분한 사람도 붙을지 떨어질지의 확률은 50대 50인 것이다.

그러므로 경쟁 비율 등에 신경 쓰지 말고 시험에 임하는 것이 중요하다.

♟ 마음에 여유를 가져라

둘째, 마음 자세다.

내가 컨설팅 회사에 근무하던 당시 수많은 엘리트 사원의 면접을 봤다. 그때 관찰하여 발견한 사실이 있다.

여유를 가지고 대학을 졸업한 사람은 일류대학이든 무명 사립대학 졸업생이든 기업에서도 여유 있게 실력을 발휘한다.

하지만 일류대학을 졸업했더라도 무리하게 입학한 사람은 기업 내에서도 무리를 하고 있다. 혹은 허세를 부리고, 실력 이상으로 자신을 보이려고 한다.

한데 개중에는 '요행으로 입학한 게 아닐까' 하는 사람도 있다. 학창시절의 성적도 그다지 좋지 않고, 성적 따위에 걱정도 하지 않는 허우대라고 할까? 그러나 배짱과, 자신감, 적극성만은 대단하다. 일을 두려워하지 않으며, 목표를 향해 저돌적으로 맹진 한다. 의외로 이런 사람이 기업에서 좋은 위치를 차지하고 있는 것이다. 프로젝트에서 리더십을 발휘하는 사람중에는 이런 타입이 적지 않다.

그것이 시험이건 사업이건 성공하기 위한 비결의 하나이다.

마음에 여유가 없는 사람은 일도 시험도 겨우 합격 수준에 턱걸이 하지만 객관적으로 만족할 정도의 성과를 달성하지 못 한다. 어딘가 토대가 부실한 것이다.

가장 먼저 전체를 확실히 파악하라

그럼 어떡하면 여유를 가지고 시험에 임할 수 있을까?

시험에 성공하기 위한 최대 비결은 가장 먼저 전체를 몇 번이고 살펴보는 것이다. 상세한 부분을 이해하는 것은 그 다음 일이다.

일본 속담에 '나무만 보고 숲은 보지 못 한다.'는 말이 있는데 시험에 합격하기 위해서는 가장 먼저 나무를 보지 말고 일단 숲을 봐야 한다. 전체를 큰 틀에서 파악한다. 다시 말해 어떤 것인지를 대략적으로 파악 하는데 포인트가 있다.

예를 들어 시험 준비에는 우선 전체가 쓰여 있는 교과서나 개론서를 몇 번이고 읽는다. 그것도 큰 소리로 읽는다. 그것은 교과서나 개론서의 내용을 머리에 들어가기 쉬운 정보의 크기로 나누는 데 효과적이다. 보통은 1~2행 정도 읽으면 숨이 찬다. 단숨에 읽어내려 갈 정도의 문장이 머릿속에 입력하기 쉬운 적당한 정보량인 것이다.

눈으로만 읽어 내려가면 두뇌가 이해할 수 있는 스피드와 분량을 초월해서 계속해서 읽어 내려간다. 쉽사리 머릿속에 들어오지 않는다.

따라서 음독이 제일이다. 익숙하지 않은 용어나 전문 숙어와 맞닥뜨려도 신경 쓰지 말고 몇 번이건 음독하자. 그러면 그러는 사이 저절로 친숙해지는 느낌이나 전반적인 것을 파악할 수 있게 된다.

전반적인 부분에 익숙해지면 다음으로 상세한 부분의 설명과 문제를 해결하면 된다. 전체를 파악하지 않고 처음부터 상세한 부분만 기억하려 하면 공부는 어려운 것이라고 여기게 된다.

이 첫 단계에서 다른 사람이 쓴 교과서나 개론서를 3, 4권 비교해서 읽으면 더욱 효과적이다.

저자에 따라 강한 부분과 약한 부분이 있다. 강한 부분에 대해서는 자세하고 비교적 알기 쉽게 쓸 수 있다. 하지만 약한 부분에 관해서는 저자 자신이 소화불량 상태로 지면만 늘려간다. 그러므로 독자는 제대로 이해하기 힘든 결과를 낳는다.

같은 테마에 대해서 다른 저자의 책을 읽으면 얼마 간 저자들의 강한 부분과 약한 부분의 장점과 단점을 보충할 수 있을 것이다.

그리고 난 다음 차분하게 구체적인 해설서나 전문서적을 읽어 지식의 세세한 부분을 메워나간다. 그러면 개론서에서는 다루지 않았던 상세한 구조나 기술적인 유의점이 보이게 된다. 그것을 빨간 줄을 긋는 것으로 끝내지 말고 스스로 노트에 써보고 다시 그 노트를 정리하자.

이렇게 하면 지식이 점차 당신의 기억 속에 침투해 간다.

그리고 나서 연습문제나 시험문제집을 실제로 풀어보라. 3, 4일이 지난 후 같은 문제집으로 다시 한 번 풀어보자. 이것을 몇 번 반복하면 일반적인 지식이라면 거의 90%는 틀림없이 지식으로써 기억에 정착할 것이다.

대부분의 사람은 한 번 눈으로 읽고 나서 바로 연습문제나 시험 문제집에 달려든다. 그리고 문제가 풀리지 않으면 어렵다고 불만을 토로한다. 지식이 기억에 정착돼 있지 않기 때문에 당연한 일인데도 쉽게 생각해 버린다.

🪑 예습은 1개월 앞 것까지, 남보다 약간 많게

고교시절 나의 성적은 전체 학년 500명 중에 490등 전후였다. 학교 수업이 재미없으니 어쩌면 당연한 결과라 할 수 있다.

이렇게 지리멸렬한 학식으로 시험을 봤으니 대학입시에 떨어지는 건 당연하다. 게다가 재수를 하기위해 입시학원에 원서를 냈으나 그나마도 받아주는 학원이 없었다.

다행히 요시모토 학원이라는 개인 학원이 있어 거기서 반 년 동안 영어를 배웠다. 선생님 한 분과 학생 한 명. 지독하게 힘든 특별 수업이었다. 덕분에 다음 해에 쿠마모토대학에 입학할 수 있었다.

입학하고 승마부에 들어가 매일 말을 돌보다 보니 하루가 저물어 공부할 시간이 없었다.

단지 왕복 2시간의 등교 길을 걸어서 다니며 독일어 단어나 동사의 변화를 소리 높여 읽었다. 혹시 말을 돌보느라 공부 시간이 없어도 곤란하지 않게 모든 수업의 한 달 앞부분까지 예습해 두었다.

이 예습이 도움이 되자 마음에 여유가 생겨 즐겁게 대학 강의를 들을 수 있게 됐다. 이것만으로도 1학년말 시험에서는 수석을 할 수 있었다.

수석을 하고 깨달은 것은 대단한 비결이 아니었다. 남보다 조금 빨리 예습하거나 수업시간외 약간의 시간을 유효하게 활용하면서 아주 작은 노력이 좋은 결과를 가져다준다는 것을 알게 되었다.

🪑 백 번 읽어 시험에 합격

1963년 예루살렘 히브리어대학에 유학 갔을 때는 히브리어의 '히'자도 몰랐다.

알파벳 자음만으로 구성된 히브리어 단어는 마치 한문을 히라가나와 쉼표 없이 읽는 것 같아 발음조차 할 수 없었다.

그렇다 해도 나는 정규 학생으로서 기말시험을 보지 않으면 안 됐다.

속담에 '백 번의 독서로 자연스럽게 뜻이 통한다.'는 말이 있다. 어쩔 수 없이 과제 도서를 백 번 읽어보기로 했다.

백 번까지는 아니더라도 눈으로 수십 번 반복해서 읽었다.

그러자 희한하게도 희미하게나마 논의점이 보이기 시작했다. 그러는 사이 어떤 특정 문장이나 단락에 신경이 쓰이기 시작했다. 아무래도 이곳에 중요한 이야기가 적혀 있는 것 같다는 느낌이 들기 시작했다.

그래서 그 곳만을 히브리어 사전 또는 영어 사전을 열심히 뒤지고 다시 영일 사전을 보며 일본어로 정리했다. 그것을 다시 정리해 아주 최소한의 시험 준비 노트를 만든 것이다. 이것만을 의지하여 시험장에 가서 시험 문제지를 받아보면 예상하고 준비했던 문제가 출제되는 것이 대부분이었다.

자신을 믿고 나름대로 가능한 준비를 다한다. 이것이 시험을 통과하는 비결이 아닐까.

🪑 우선 전반을 이해하라. 그러면 부분도 알 수 있다.

사법고시나 공인회계사 시험에 단번에 합격하는 사람이 있다. 그러기 위해서는 당연히 피나는 시험 준비를 했을 것이다.

하지만 단번에 합격한 사람의 지식 양은 사법고시, 공인회계사 시험에 10년 도전한 사람보다 적을 것이다.

그럼 지식의 양이 적어도 합격할 수 있는 것은 어째서일까.

그것은 법률과 회계 전반의 근본적인 생각과 논리의 조합방법을 잘 이해하고 사회 전반의 상식에 맞는 시시비비와 판단을 이끌어낼 능력을 시험에서 표출하기 때문이다. 여기에 시험 합격의 비밀이 있다.

나와 오랜 시간 교류해 온 유대인 중에는 우수한 인물이 아주 많다. 250만 단어에 달하는 탈무드 전 권을 외우고 있는 천재도 있다. 하지만 그런 인물은 유대인 중에서도 당연히 예외적이다.

우수라고 불리는 유대인은 분명히 호기심이 왕성하다. 하지만 자신의 분수에 넘치는 영역에는 발을 디디지 않는다. 그들은 자신의 전문분야 중에서도 본인이 흥미를 가지고 있는 분야만을 끝없이 탐구하는 것이다.

유대의 속담에 '이것도 저것도 전부 알려고 하는 자는 그 전에 수명이 다하고 만다.'라고 한다. 그보다도 하나의 대상에 대해 전체의 상을 알고자 하는 것이 중요하다. 완전하게 아는 것은 많이 아는 것보다 낫다.

이것저것의 지름길을 알고 있더라도 단편적인 지식은 사람을 높게 만들지 못 한다.

좁더라도 하나의 분야를 체계적으로 정통하는 것이 사람이 보다 더 창조적으로 변해 가는 것이다.

업무도 마찬가지다. 부분적으로 이것저것 경험하기보다 작은 제품이라도 하나의 공정이나 작업, 개발에서 설계, 제조, 판매, 사무까지 전부 경험하는 것이 고차원의 발상이 가능한 것이다.

당장 요령을 부려 문제를 해결하려거나, 비법전서만으로 시험에 합격하려 하는 그런 미봉책만을 찾기 때문에 시험에 합격하기 힘든 것이다. 전체를 알고 있지 않기 때문에 언제까지라도 시험에 합격할 수 없는 것이다.

먼저 전체를 이해하자. 그러기 위해서는 앞서 말한 것과 같이 교과서나 과제 도서를 몇 번이고 반복해서 읽어야 한다. 내용을 잘 이해할 수 없더라도 신경 쓰지 말고 10번이고 20번이고 읽는다. 그러는 사이 처음에는 잘 모르겠던 것도 조금씩 이해가 되는 듯한 느낌이 든다.

그러고 나서 문단별로, 또는 장별로 내용을 숙독해 나름대로 중요하다고 여겨지는 곳을 정리해 나간다. 정리한 자신의 메모를 다시 몇 번이고 반복해서 읽는 것이다.

자신이 손으로 쓴 메모나 노트는 인쇄된 참고서보다도 쉽고 빠르게 머릿속에 들어간다. 그렇게 되면 결국 전체를 제대로 이해할 수 있게 되는 것이다.

전체를 알게 되면 세세한 곳도 보이게 된다.

이것이 생각의 힘을 높여주고 지혜를 깊이 있게 하는 지름길인 것이다.

'예외 없는 법칙은 없다'의 의미

> 두뇌를 명석하게 유지하고 싶으면 당신의 오감을 지켜라.
>
> (구약성서 외전 '즉징편' 르벤부 6.1)
>
> 감각이 없는 학자는 개미만도 못하다.
>
> (미도라슈 베이크라 라바 1.15)

일본식 사고 ─ 예외를 자꾸 만든다

내가 중학생 때에 외운 영어 격언 중에 'There is no rule with-out exception.'(예외 없는 법칙은 없다)라는 말이 있다. 이 격언에 대한 해석방법이 일본인과 서구 사람들과는 상당히 다르다.

일본인은 예외가 없는 법칙은 없기 때문에 예외를 자꾸 만들어 가면 좋다고 생각한다. 간단히 말해 그저 룰을 무시하는 것이다.

예를 들어 한 종합 건설사가 공사의 담합으로 입찰 가격을 조작했다는 비판을 받았다. 하지만 낙찰받기 위해서는 설계도의 시방서에 몇 퍼센트 정도는 추가 비용을 산정할 필요가 있는 경우가 많다. 담당 기관의 시방서대로 건설했지만 그것이 무너질 경우 해당 기관은 책임을 지지 않고 공사 업자의 책임으로 전가되는 케이스가 많기 때문이다.

이럴 경우를 상정하고 추가 공사비를 청부업자 간에 조정하지 않으면 안 된다. 이 때문에 아무래도 설계대로 공사했을 때의 공사비보다 높은 견적서를 준비하게 되는 것이다.

설계기준이 있지만 없는 것과 마찬가지인 현실을 일본 공공기관은 만들어내고 있는 것이다. 자신에게 너그러운 태도가 예외를 양산하고 있다. 거기에 일본의 예외적 법칙이 있다.

어쩌다 룰대로 실행하는 사람이 있으면 저 놈은 융통성이 없어 상대하기 힘든 놈이라고 말하며 배척해 버린다. 룰대로 행동하는 사람이 욕을 먹는 것이 일본 사회의 특징이다.

나는 일본인 전체가 룰 부정론자라고 말하려는 것이 아니다.

하지만 대체적으로 일본인은 룰을 멀리하고 가능한 룰의 언저리에서만 생활하려는 경향이 있는 건 아닐까. 지키는 것도 아니고 지키지 않는 것도 아닌 적당히 넘지 않는 상황에 애매한 행동을 하고 있는 건 아닐까?

서양에서 '예외 없는 법칙은 없다.'고 하더라도 예외 없는 것이 좋다고 생각한다. 예외를 제거하든지 혹은 예외 자체를 독립된 법칙으로 체계화시키려 한다.

그것이 룰을 공명정대하게 지키기 위한 서구의 방식이다.

미·일 무역마찰이 과열됐던 1990년 경 미국이 일본에 요구한 미국 국내법인 통상무역 301조라는 특례 금지항목 등이 좋은 예이다. 미국은 이 기준에 일치하지 않는 나라들과 거래를 하지 않으며 경우에 따라서는 제재금을 부과한다는 것이다.

일본 측에서 보면 이 슈퍼 301조는 미국 측의 권익주장에만 근거한 것으로 너무나 일방적이고 불공평하게 보인다.

하지만 미국에서 룰은 국내법이건 국제법이건 룰을 제정한 측의 가치관의 반영일 뿐 소수의 반대자가 있더라도 개의치 않는다.

원래 척도를 잰다는 것 자체가 항상 일방적인 것이며 상대의 주장 따위는 참작의 여지가 없다. 기준이건, 법칙이건, 룰이란 모름지기 그런 성질의 것이다.

민주주의 선진국인 영국은 열린사회다. 서민출신의 대처나, 메이저, 블레어도 수상이 될 수 있었다. 그렇다고 해서 영국이 계급을 부정하는 것은 아니다. 지금도 공작, 후작, 백작, 자작, 남작이라는 직위가 존재하고 있다.

영국 의회의 개회식과 재판관의 취임식에서는 지금도 바흐, 헨델

시대와 같은 전근대적인 가발을 착용한다. 이것도 룰인 것이다.

민주주의라고 해서 의회에서 아무 복장이나 해도 좋다는 그런 일본적 자유방임론이 영국에서는 통하지 않는다. 이런저런 주의 이전에 먼저 룰이 있는 것이다.

국가적인 업적이 있는 사람에게 영국에서는 국왕과 여왕이 1대에 한해 준 남작의 호칭을 부여한다. 여성 공로자에게는 레이디(귀부인)의 칭호를 부여한다.

단 작위를 받은 사람과 사회적 지위가 올라간 사람은 적어도 공식 장소에서는 그 지위에 걸맞은 언행을 하도록 요구하고 있다. 그것이 계급사회를 유지하는 룰인 것이다.

비틀스에게 준 남작의 칭호를 내렸을 때 비틀스를 이해하지 못 하는 구세대 사람들 중에는 "내가 국가에 바친 공헌을 저런 자들과 동등하게 취급하는 건 참을 수 없다."고 작위를 반납하는 사람들이 속출했다. 그것도 영국이기 때문에 가능한 일이다.

새로운 예외를 인정한다면 낡은 룰을 부정하지 않으면 안 된다. 예외와 룰이란 공존할 수 없다. 이것이 서양 사회의 기본원칙이다.

▥ '예외 없는 법칙은 없다'의 아버지 랍비 요하난

이 '예외 없는 법칙은 없다'란 격언의 기원이 서기 3세기의 유대교 학자 랍비 요하난까지 거슬러 올라간다는 것은 앞에서 이야기했다.

그는 3세기 중반에 팔레스타인의 유대인 사회에서 민중으로부터 깊은 신뢰를 받고 있던 지도자 중 한 사람이었다. 정식 이름은 '랍비 요하난 밴 나파후'라고 한다.

그의 아버지는 그가 태어나기 전에 사망했고 그를 출산하고 얼마 후 어머니도 돌아가셨다. 어쩔 수 없이 그는 할아버지의 손에서 자랐다. 그는 성장을 하면서 부모로부터 물려받은 포도 농장과 올리브 밭을 판 돈으로 학문에 전념했다.

그는 유대교 법학자로서 이름을 남겼다. 하지만 그의 지도는 법률에만 국한된 것이 아니라 아주 현실적이었다. 예를 들어 여성이 그리스어를 배우는 것을 그는 공인했다. 그의 명성은 멀리 메소포타미아의 유대인 사이에서도 널리 알려졌을 정도다.

그런 랍비 요하난이 말한 것이 '법칙을 (전부 외워) 공부해서는 안 된다, 예외 없는 법칙은 없기 때문이다.'이다.

아래에 이 명언이 적혀 있는 탈무드 원문의 해당부분을 전부 소개하기로 하자.

'모든 '~해야 한다'라는 계율은 특정 시간과 관계돼 있어 남성은 의무를 지니고 여성은 면제돼 있다. 특정 시간에 관계없는 법률은 여성에게도 남성에게도 의무를 부과하고 있다.'

이것이 유대법의 룰이다. 그렇다면,

'특정 시간에 관계있는 '~해야 한다'라는 명령에서 여성은 면제된다는 것이 계율의 보편적 룰이다.'인가.

과연 그대로일까? (다른 법에서는 다음과 같이 명하고 있다)

'들어라, 연말 축제의 빵과, 축제의 축원 참가와, 추수 감사제의 참가는 특정 시간에 관계돼 있어 여성도 참가 의무를 갖는다.'

다시 말해 특정 시간에 관계돼 있는 명령에도 여성의 참가를 의무로 삼고 있다는 예외가 있다. 한편 특정 시간에 관계없는 '~해야 한다'라는 명령은 여성에게도 의무를 부과한다고 하는데,

'들어라, 탈무드 토라(토라의 학습)와 자손번영과 자식을 얻는 것은 특정 시간과 관계가 없다. 여성은 이 의무에서 면제돼 있다.'

다시 말해 특정 시간에 관계돼 있지 않은 명령에도 여성의 참가를 면제한다는 예외가 있다. 그러므로 유대법이 명하는 계율을 심사숙고하여 판명한 결과로 말하자면,

'법칙에서 (그것을 전부 암기하고) 배우면 안 된다. 예외 없는 법칙은 없다.'고 요하난은 말한다.(탈무드 '에르빈 편'27)

그가 말하고자 한 것은 법칙에서 룰로 정했다고 처음부터 끝까지 전부 외워서는 안 된다는 것이다.

법과 룰은 개개의 문제나 상황에 대처하기 위해 제정된다. 그러므로 문제가 일어나면 그에 대응할 수 있는 법을 적용하는 것은 당연하다.

하지만 법과 룰을 그대로 적용할 수 없는 예외가 발생할 수도 있다. 법칙과 예외를 아는 것만으로는 현실의 문제에 대처할 수 없는 경우도 있을 수 있다. 예외 속의 또 다른 예외가 있는 경우도 있을 수 있으므로 예외 속의 또 다른 예외도 어떻게 대처해 나갈지에 대한 룰도 만들어야 된다.

즉, 법의 운용자나 룰의 관리자는 각각의 법에 한계를 숙지하고 그 법들의 예외와 모순에 대해서도 알아두지 않으면 안 된다. 그것을 랍비 요하난은 지적하고 싶었던 것이다.

각각의 예외를 통괄할 수 있는 더욱 고차원적 논리의 일관성·통일성이란 것이 없다면 법으로 제정한 재판 현장이 혼란에 빠진다. 표면적인 룰만을 배워서는 안 된다. 예외를 예상한 다음 명쾌한 논리를 구축 하자. 예외 속 또 다른 예외까지 예상하여 룰 전체를 생각하자. 랍비 요하난은 이렇게 가르치고 있다.

예외가 전체를 비춘다

영어에서 'The exception proves the rule.'(예외가 법칙을 증명한다)라는 격언이 있다. 예외가 있는 것이 법의 신뢰성을 증명한다는 의미이다.

이것의 원형도 실은 유대의 『밋도바르 라바』라는 책 중에 '예외는 룰 전체의 의미에 빛을 비춘다.'까지 거슬러 올라간다.

탈무드에서 그 부분의 논의는 약간 복잡하므로 소개를 생략한다. 그 논의에서 말하고자 하는 것은 예외가 있음으로 인해 전체를 재조명하면서 원리, 원칙과 현실, 사실과의 조합照合이 가능해져 무엇이 진실인지 분명해 진다는 것이다.

🪑 유대식 사고 – 예외부터 생각한다

유대인은 원리, 원칙, 기준, 법칙을 무시하고 맘대로 예외를 만들려는 것이 아니다. 현실에는 항상 예외가 있다는 것을 깨닫고 그 예외의 존재가 전체가 지향하고 있는 목적과 의의를 찾고자 함이다. 예외의 존재를 통해 전체의 의미를 보다 명확하게 하려는 것이다.

게다가 유대인은 눈앞의 현실과 법칙, 룰에 집착하지 않는다. 먼저 예외는 무엇인가를 생각한다. 혹은 예외가 있는지 없는지를 찾는다. 그런 다음 어떡하면 예외와 전체가 조화를 이룰 수 있는지를 생각한다.

두뇌를 활성화시키고 기술 혁신적 사고를 하게 된다면 예외의 가능성에 대해서도 생각해 본다. 우리에게도 이런 습관이 필요하지 않을까.

유대인은 왜
혁신적 성격을 갖는가

항상 남과의 차별화를 생각한다

근대 이후 서양사회에서는 기술과 문화, 과학 연구나 철학, 경제나 정치사상 등의 분야에서 혁신적인 업적, 이노베이션으로 넘치는 업무를 이룬 인물 중에 유대인이 상당히 많다. 그것은 프랑스 혁명 이후, 유럽 사회에서 유대인에게도 시민권을 인정해 그리스도교도 사람들과 동등하게 활동할 수 있는 장이 열리게 되면서부터다. 그렇다고 해도 그들의 혁신적인 성과를 얻는 성격의 비밀은 과연 어디에 있는 걸까?

앞에서 다루어 왔다고 생각하지만 다시 한번 정리해 보자.

첫째는 민족의 교육 레벨이 높다는 것이 배경에 있다.

서양사회가 초등교육을 보급시키고자 한 것은 일반적으로 18세기 후반부터이다.

유대인 사회에서는 훨씬 앞선 로마시대부터 약 2000년에 걸쳐 남자에게는 읽고, 쓰기를 가르치고, 계약 방법 등 사회생활의 기초 지식을 가르쳐 왔다. 그런 배경이 있기 때문에 서양의 근대 사회에 비교적 쉽게 적응할 수 있었다.

하지만 유대인 중에 혁신적인 성과를 이룩한 사람이 반드시 고학력자는 아니다.

그들이 창조성을 발휘하게 된 직접적인 배경은 그들이 항상 타인과 다른 의견을 내도록 훈련받았다는 점이다.

대부분 그들은 자신이 남과 같은 의견이라면 자신의 존재의미는 없다고 생각한다.

자신은 타인과 어떻게 다른가.

그렇게 항상 자신의 차별화를 염두에 두고 있다.

등불을 밝혀라

또 하나 중요한 요소는 그들이 매주 안식일을 맞이하는 것이다.

첫째, 이것은 생산과 노동의 일주일을 마감하는 것이다.

우선 금요일의 어둑어둑할 즈음 주부는 집 안의 조명을 끄고 안식일을 맞이하는 의식을 거행한다. 유대교 전통을 중요시 여기는 가정에서는 금속으로 된 두 개의 램프에 소량의 올리브오일을 넣고 심지에 불을 붙인다. 또는 촛대에 두 개의 초를 밝힌다. 그리고 어둠 속에서 빛나는 불빛 앞에서 두 손을 모아 안식일을 위한 짧은 기도를 올린다.

"찬미 받으소서. 당신은 우리의 주인이시며, 우리의 신이시며, 세상의 왕이시며, 우리에게 안식의 등불을 밝히라 명하신 분이시어라!"

두 손의 손가락 사이에서 그 빛을 올려다보듯이 바라본다. 그리고 램프의 빛이 방 구석구석까지 비추도록 신경을 쓴다. 그리고 일주일 동안의 노동과 생산이 무사히 끝나 가족 전원이 행복하게 지낸 것에 감사한다.

다시 말해 일주일 동안 창조 작업의 완료가 여기서 일단락을 맺는다. 그로 인해 창조로 혹사당한 머리의 스위치가 일단 꺼지는 것이다.

둘째, 안식일이 다음 새로운 창조의 일주일을 맞이하는 의식과 세트로 돼 있다는 점이다.

이것은 금요일 밤에서 토요일 저녁에 걸쳐 전혀 노동을 하지 않고 꼬박 하루를 완전히 쉰 다음의 의식이다. 즉, 토요일 일몰 후 다시 방 안의 빛을 전부 끄고 어둠 속에서 새로운 주를 맞이한다. 이 의식을

'하브다라(이별)'이라고 하는데 이것은 안식일과의 이별을 의미한다.

이 의식에는 심지가 두 개인 밝은 램프, 또는 심지가 두 개인 강력한 촛불을 하나 사용한다. 심지가 두 개인 램프가 어둠 속에서 활활 타올라 빛을 퍼지게 한다.

그리고 이 경우에도 주부가 두 손을 빛을 향해 뻗고 빛에 대한 기도를 올린다.

"찬미 받으소서. 당신은 우리의 주인이시며, 우리의 신이시며, 세상의 왕이시며, 불빛을 창조하신 분이시어라!"

기도를 할 때 각각의 광원을 향해 두 손을 뻗어 가볍게 주먹을 쥐듯 손가락을 안으로 접고 손톱에 반사되는 빛과 손바닥 안쪽에 퍼지는 그림자와의 대조를 감상한다.

창조는 빛과 그림자의 대비, 사물의 명암과 차이의 식별에서 생겨난다. 그 다음 와인 한 방울로 촛불을 끄고 바로 방의 불을 밝힌다.

그와 동시에 다시 새로운 한 주를 맞이한다. 유대교에서는 음력을 사용하고 있어 어둠의 장막이 내려오면 새로운 하루가 시작되는 것이다. 토요일 밤의 장막은 새로운 주의 시작이다.

그리고 서로 '샤브아 토브!(새로운 한 주 축하합니다!)'라고 인사를 나눈다.

어둠 속에서 빛나는 램프의 빛과 함께 새로운 주일을 시작하는 것이다.

우리 일본인의 현대생활에서는 토요일, 일요일은 휴일로 뒹굴뒹굴 잠을 자거나 놀러 나간다. 얼마간 머리의 전환은 되겠지만 심신의 완전한 휴식은 아니다.

그리고 월요일에는 아침 일찍 일어나 그저 한 주일을 시작한다. 게다가 왠지 멍한 상태로 출근하거나 등교한다. 그렇기 때문에 '새로운 일주일'이란 실감이 적고 다시 업무에 쫓기는 일주일이 시작됐다고 여긴다. 물론 모든 사람이 그런 건 아니다.

대조적으로 유대인은 매주 토요일 밤에 어둠과 빛을 통해 이미 새로운 한 주가 도래했다는 것을 실감하는 것이다.

현대사회에서는 무조건 불은 위험한 것으로 여기는 한편 빛은 당연한 것으로 여긴다. 하지만 사람은 불을 사용하는 것을 배움으로써 문명을 구축할 수 있었다. 불은 안전의 보장이며 빛은 존엄의 상징이다.

유대인은 매주 어둠 속에서 빛나는 불과 빛의 신비를 경험하고 창조에 대한 감사와 희망을 재확인한다.

어둠 속의 적막, 빛의 신비함. 그러한 것들을 천천히 들여다보고 있으면 복잡한 일상 속에서는 느낄 수 없는 여러 가지 생각이 자신의 내면으로부터 끌어 오른다.

우리도 일주일에 한 번은 전기 조명을 모두 끄고 어둠 속에서 흔들리는 램프의 불꽃을 조용히 바라 볼 수 있는 시간을 갖는 것도 좋을 것이다.

한국 독자 여러분께

안녕 하십니까? 이미 일본에서 낸 제 책이 한국어로 번역 출판 돼 소개됐지만 저는 한국어를 읽지도, 쓰지도, 말하지도 못 하는 일본 인입니다. 하지만 저는 1942년 1월에 부산에서 태어나 한국 여러분 을 가깝게 여기고 있습니다.

이 책은 한국의 홍영의 선생님의 추천으로 책으로 나오게 됐습니 다. 실은 2004년부터 2006년에 걸쳐 '생각하는 능력을 높이는 7가 지 조건'이라는 표제의 수필을 쓰고 있었습니다. 그 수필이 홍선생 님의 눈에 들어 "이것을 책의 형태로 정리해 주길 바랍니다. 꼭 한국 에서 책을 출판하고 싶습니다." 라고 하셨습니다. 그래서 2007년에 원고를 정리해 홍선생님께 전해드렸습니다. 하지만 선생님의 건강 이 점점 악화돼 올해 6월 23일 결국 돌아가시게 됐습니다. 이 책이 홍영의 선생님의 마지막 번역 작품이 돼 버린 것입니다.

선생님은 한국의 전통 있는 집안에서 태어나 1940년대에는 일본 에 유학을 하신 수재였습니다. 하지만 1945년 8월 6일 히로시마 원폭 투하 때 현 후쿠야마에 계셨고, 직후 바로 히로시마에 사람들의 구조와 원조를 위해 달려갔습니다. 아마 그때 2차 방사능 오염으로 인해 간접 피폭을 받게 되셨다고 생각합니다.

대한민국 독립 후에는 한·일 양국 간의 통역과 번역을 생업으로 하셨습니다.

제가 선생님을 만나게 된 것은 2003년 제 책을 번역해 주시면서부터 였습니다. 2004년에 선생님이 일본에 오셨을 대 처음 뵙게 되었습니다. 그리고 2006년과 2007년에 선생님을 만나기 위해 서울을 방문하게 됐습니다.

선생님은 유교 정신이 몸에 밴 분이셨습니다. 저는 저자의 입장이지만 저보다 연배이신 선생님에 대해서는 장유유서의 예로 선생님의 지도와 자비를 받았습니다. 선생님은 나이 어린 저를 항상 자상하게 대해주셨습니다.

이 책에 적혀 있는 '두뇌 활성법'과 '시험 합격법'이 조금이나마 한국 독자 여러분의 도움이 된다면 하늘에 계신 홍선생님도 기뻐하시리라 믿고 있습니다.

이 책을 여러분께 바치는 것이 여러분의 발전이 되고 기쁨이 된다면 저자로서 더 이상의 영광이 없을 거라 생각합니다.

끝으로 홍선생님이 돌아가신 후에도 이 책의 출판을 위해 노력해 주신 나래북·예림북에도 심심한 감사를 전합니다.

2009년 6월 30일 테시마 유로

세계를 지배하는
유대인 최강 두뇌 활용법

2021년 3월 10일 개정 1쇄 인쇄
2014년 3월 15일 개정 1쇄 펴냄
지은이 | 테시마 유로
옮긴이 | 홍영의
기 획 | 김민호
발행인 | 김정재
펴낸곳 | 나래북 · 예림북
등록 | 제2016-000021호
주소 | 경기도 고양시 덕양구 지도로 92번길 55. 다동 201호
전화 | 031-914-6147
팩스 | 031-914-6148
이메일 | naraeyearim@naver.com
ISBN 978-89-94134-51-2   03830